ハイロウズの掟《おきて》

——青年のかたち——

諸井 克英 著

晃 洋 書 房

目次

第Ⅰ章
ブルーハーツからハイロウズへ

Never wanna be an adult
　オトナになんか成りたくない
Always wanna be in revolt
　ずっと反抗していたい
Youth Youth Youth
　若さ，若さ，若さ
Don't wanna spend my life saving up for things
　命を大切になんかしたくない
Don't wanna have what a steady job brings
　マトモな仕事で稼ぐなんてマッピラだ
I don't want security
　安全なんか欲しくない
I don't want responsibility
　責任なんか取りたくない［国田ジンジャー訳］

〈"*YOUTH, YOUTH, YOUTH*" written by B. Idol（GENERATION X）〉

1. 背　景

一九七六年秋に英国で『アナーキー・イン・ザ・ＵＫ』というシングルがレコード・メジャーであったＥＭＩより発売される。

I am an antichrist
　俺は反キリスト論者
I am an anarchist
　俺はアナーキスト
Don't know what I want
　欲しいものなんてないが
But I know how to get it
　手に入れる方法だけは心得ている［三宅和浩訳］
〈"Anarchy in the UK" written by Jones, Matlock, Cook, & Rotten〉

ロンドンに出現した「セックス・ピストルズ」といういかがわしい名の四人組バンドによるこの唄は、当時の英国社会に衝撃を与え、ＥＭＩは契約を破棄する。しかし、七七年春にはバージンから『ゴッド・セイヴ・ザ・クィーン』を発売し、全英チャート一位を奪取する（Henderson, 1996）。英国においてあからさまに女王を罵倒するという彼らの行為は、パンク・ロックが単なる音楽ジャンルでなく、長期化する経済的不況と失業率の高さに未来を描くことができない若者の叫びと解釈された。

God save the Queen
　女王様　万歳！
She ain't no human being
　女王は人間じゃない
There is no future
　お先真っ暗だぜ
In England's dreaming
　夢見る英国は　［三宅和浩訳］

〈*"GOD SAVE THE QUEEN"* written by Jones, Matlock, Cook, & Rotten〉

パンク・ロックは、①激しい感情発散、②稚拙であるが原初的な衝動や欲求、③都市生活に沈殿する欲望や欲求不満などを特徴とするが、もともとは米国・ニューヨークにそのルーツをもつ。七〇年代に商業化し技巧化された既成ロック音楽に不満をもつ連中がニューヨークで少数派であるがライブ活動を展開していた。これが、セックス・ピストルズの「仕掛け人」であるマルコム・マクラーレンによって英国にもち込まれるのだ。社会の疲弊は確立した階層社会であればあるほど、その下層の人々に最も影響をおよぼす。その下層階級出身の若者は、自らの怒りの表出をパンク・ロックという形式に見いだしたのだ。このことを理解しなければ、たとえばセックス・ピストルズの演奏や歌唱の質の低さと、その影響の大きさとの落差に苦しむことになる。

　セックス・ピストルズは、七七年秋にアルバム『Never Mind The Bollocks Here's The Sex Pistols』を発売し、即全英チャート一位を獲得した。ヴォーカルの「ジョン・ライドン」と、元々はセックス・ピストルズの取り巻きであり途中加入したベース担当の「シド・ヴィシャス」を軸に、このバンドは絶頂期を迎えたかのように見えた。しかし、翌年一月の初・米国ツアー直後に「シド」との葛藤もあり「ジョン・ライドン」が脱退し、実質解散する（Henderson, 1996）。さらに、一〇月には「シド」の恋人「ナンシー・スパンゲン」の刺殺事件が起こり、「シド」に容疑がかかる。その「シド」は、翌七九年二月に「ヘロイン過剰摂取」で死亡した。かくして、セックス・ピストルズは、薬物を媒介として「完全に互いに依存しあうようになり」「それ以外の世界を断ち切った」（Parker, 2003）「シド」と「ナンシー」の「純愛」とともに伝説となった。

一九八五年に結成されたブルーハーツ（THE BLUE HEARTS）は、八七年に『リンダリンダ』でメジャー・デビューする。甲本ヒロト［vocal］、真島昌利［guitar］、河口純之助［bass］、梶原徹也［drums］の四人は、九五年の解散までに八枚のオリジナル・アルバムを発表する（表Ⅰ－1－a）。彼らが生み出した数々の曲は、本書の基本テーマでもある青年の心性に巧みに触れた歌詞と、その曲の構成の馴染みやすさから（要するに模倣しやすさ）、わが国のパンク・バンドの「教本」として今なお機能している。後述するように、ハイロウズ（THE HIGH-LOWS）へと移行してからも二〇〇四年までに八枚のオリジナル・アルバムを作り出し（表Ⅰ－1－a）、相変わらず活発なライブ活動も行っている。彼らは、疾風のごとく英国社会を通り抜けていったセックス・ピストルズとは異なり、二〇年近くもの間、若者の心を振動させる唄を提供し続けているのだ。たとえば、二〇〇四年九月に発売されたアルバム『Do!! The★MUSTANG』は、オリコンのアルバム売り上げチャートの第九位（二〇〇四年九月一三日付）に一気に躍り出る（オリコン年鑑　二〇〇五）。

ところで、わが国にいち早く英国パンク自体をそのままもち込むことを試みたパンク・バンドとして、八〇年に登場したアナーキーを挙げることができる。

政治家なんて俺達には関係ないけど
今の生活　満足してるわけじゃないのさ

表Ⅰ－1－a　ブルーハーツからハイロウズへ
——オリジナル・アルバム——

〔ブルーハーツ〕		
THE BLUE HEARTS	1987.5.21	MED-20
YOUNG AND PRETTY	1987.11.21	MED-30
TRAIN-TRAIN	1988.11.23	MED-50
BUST WASTE HIP	1990.9.10	AMCW-4157
HIGH KICKS	1991.12.21	AMCW-4130
STICK OUT	1993.2.10	AMCW-4158
DUG OUT	1993.7.10	AMCW-4165
PAN	1995.7.10	AMCW-4220
〔ハイロウズ〕		
THE HIGH-LOWS	1995.10.25	KTCR-1350
タイガーモービル	1996.12.06	KTCR-1420
ロブスター	1998.05.08	KTCR-1468
バームクーヘン	1999.06.09	KTCR-1640
Relaxin' WITH THE HIGH-LOWS	2000.06.09	KTCR-1681
HOTEL TIKI-POTO	2001.09.05	UMCK-1050
angel beetle	2002.11.27	UMCK-1138
Do !! The★MUSTANG	2004.9.1	BVCR-11063

金の有る奴はいいけど
俺達ハンパ者には
金が無けりゃ何も出来ねえ
ノットサティスファイド
〈アナーキー作詞『ノット・サティスファイド』〉

彼らは、商業的成功を収めるには至らなかった。理由は簡単である。パンク・ロックが勃興した英国の状況と当時のわが国のそれがかなり異なっていたからである。七〇年代から八〇年代のわが国は経済的高度成長期にあり、若者の心性の中心点は、英国のように失業率の高さに起因する不安にあるのではなく、むしろ後述するような高校の皆学化に象徴される学校教育制度の「外形的な成功」が逆説的に生み出す病理にあったからだ。したがって、実体そのものは見えにくい社会体制が若者の批判対象になるのではなく、学校という可視的なシステムが心の鬱積の原点となる。

八三年にシングル『一五の夜』とアルバム『十七歳の地図』で現れた尾崎豊は、管理化された教育システムに対抗して「生きること」の意味を叫び、中・高校生から圧倒的支持を得る。

電車の中　押し合う人の背中にいくつものドラマを感じて
親の背中にひたむきさを感じて　このごろふと涙こぼした
半分大人の Seventeen's map〈尾崎豊作詞『十七歳の地図』〉

尾崎は、「反抗する十代の旗手」として確固たる地位を獲得するが、二〇歳ごろからの内省化した歌詞は「十代の旗手」イメージとの葛藤を生じ、結局のところ彼は薬物依存へと向かう（八七年「覚醒剤取締法」違反で逮捕）。九二年の四月早朝に他人の庭で泥酔状態となったところを発見され尾崎は肺水腫で死亡する。二六歳であった（『音楽誌が書かないJポップ批評三五』二〇〇四参照）。彼が十代の頃に吐き出した様々な唄は、今でも若者の心を揺さぶる力を持ち続けている。あの「シド」は自由奔放で自虐的な生き様で、そして尾崎は今もリアルさを帯びた歌詞で伝説になった。

振り返ると、ブルーハーツは尾崎といわば同時代に現れたことになる。しかし、彼らは、尾崎とは異なり、時代の若者の心性を巧妙に対象化し続ける技能に長けていた。というよりも、尾崎のように純粋さに殉死するよりも、時代的状況をすり抜けながら、「自分」あるいは「自分の生」を確保するという欲望に従順であろうとしたのだ。実は、そこに二〇年もの間「君臨」するバンドが吐き出す歌詞を現代青年の心性と相関させながら解釈することの意義があるといえる。

ところで、ブルーハーツやハイロウズの歌詞は、「反転図形」的特徴を帯びている。知覚心理学では、「客観的には同一の図形でありながら、知覚的には二つあるいはそれ以上の形が成立する図形」を「反転図形」と呼ぶ（大山・今井・和気編　一九九四）。たとえば、有名な「ルビンの杯」図形では、白い領域が「図」になると「杯」、黒い領域が「図」になると「向かい合った顔」がそれぞれ見え、一方を「図」として意図的に見ようとしても、いつの間にかその部分は「地」になってしまう。この「反転図形」のように、ブルーハーツやハイロウズの歌詞の多くでは複数の主題が重なり合い、それぞれの主題が交互に顕在化する。そのために、独特の歌詞世界が形成されるのだ。

2．ブルーハーツとの決別

ハイロウズは、甲本ヒロト［vocal］、真島昌利［guitar］、調先人［bass］、大島賢治［drums］、白井幹夫［keyboard］の五人で一九九五年に結成され、現在もなお一線で走り続けているバンドである（ただし白井は二〇〇三年夏に脱退）。彼らのデビュー・アルバム『THE HIGH-LOWS』の一曲めである『グッドバイ』は、「最初の終わり」を意味する奇妙なフレーズから構成される。

サヨナラする　キレイサッパリ
サヨナラする　これでスッカリ
……
今までありがとう　本当にありがとう
今までありがとう　もうこれでお別れですよ
バイバイバイ　バイバイバイバイ〈真島昌利作詞『グッドバイ』〉

これは、一体何からの決別なのか。文字通り受けとめれば、恋人や友だちとの別れであろう。しかし、この曲は、実は、一九八五年に結成され一九九五年までの間にパンク・ロックの「和製化」に大いに貢献したブルーハーツとの決別を意味するのだ。ブルーハーツの曲の大半は甲本と真島によっており、その点でハイロウズの場合と変わらない。つまり、ブルーハーツに「バイバイバイ」する理由はないのだ。『パンク・ロック』に表出されたブルーハーツのスピリットはハイロウズにも継承される。

僕　パンク・ロックが好きだ
中途ハンパな気持ちじゃなくて
……
友達ができた　話し合えるやつ
何から話そう　僕のすきなもの〈甲本ヒロト作詞『パンク・ロック』〉

では、なぜ甲本と真島は、ブルーハーツを解散し、ハイロウズをつくりあげたのか。その秘密は、ブルーハーツを構成する四人のロック表現のスタンスの対立にある。つまり、「甲本［vocal］・真島［guitar］対河口純之助［bass］・梶原徹也［drums］」という構図が存在する。この対立は、「神」との関係性をめぐるものである。河口と梶原は、それぞれある新・新宗教を信仰しており、とりわけ河口はブルーハーツ活動の渦に自らの信仰の埋め込みを図る（烏丸　二〇〇二）。

インスピレーション　その声は
世界中を揺らす
……
神様ならばきっときっと
僕の答えと同じはずだね〈河口純之助作詞『インスピレーション』〉

不安定な存在である自分に確信を与えてくれる「神」、これを河口は唄いあげるのだ。しかしながら、甲本と真島は、「神」の存在を論じるというよりも、「神」に頼る志向性を否定する。通常のバンドにおいては、人気のある二人の存在は、バンドに緊張感をもたらし音楽的成功を導くが、その反面空中分解の危険を伴う。先述したセックス・ピストルズにおける「ジョン・ライドン」と「シド・ヴィシャス」の葛藤は象徴的だ。しかし、この図式は、ブルーハーツには適用されない。主軸である甲本と真島が、冷たく言えば他の二人を切り捨て新バンドを結成するのだ。この移行の秘密は、「神」にある。

3. 不完全な自分と神に向かわない心

ブルーハーツが孕む「神」に対する二種類の態度は、実は、青年期特有の心性に由来する。これを**図Ⅰ－3－a**に表す。青年存在の曖昧さは、青年の心の曖昧さや不安定さをもたらし、それが、理想的な自分の過度の追求、つまり「自分の完全さ」の非現実的な追求を喚起しがちになる。桜井・大谷（一九九七）は、「過度に完全性を求める」心理的傾向を「完全主義」と呼び、完全主義が次の四側面から成ることを明らかにした。①完全でありたいという欲求、②自分に高い目標を課する傾向、③

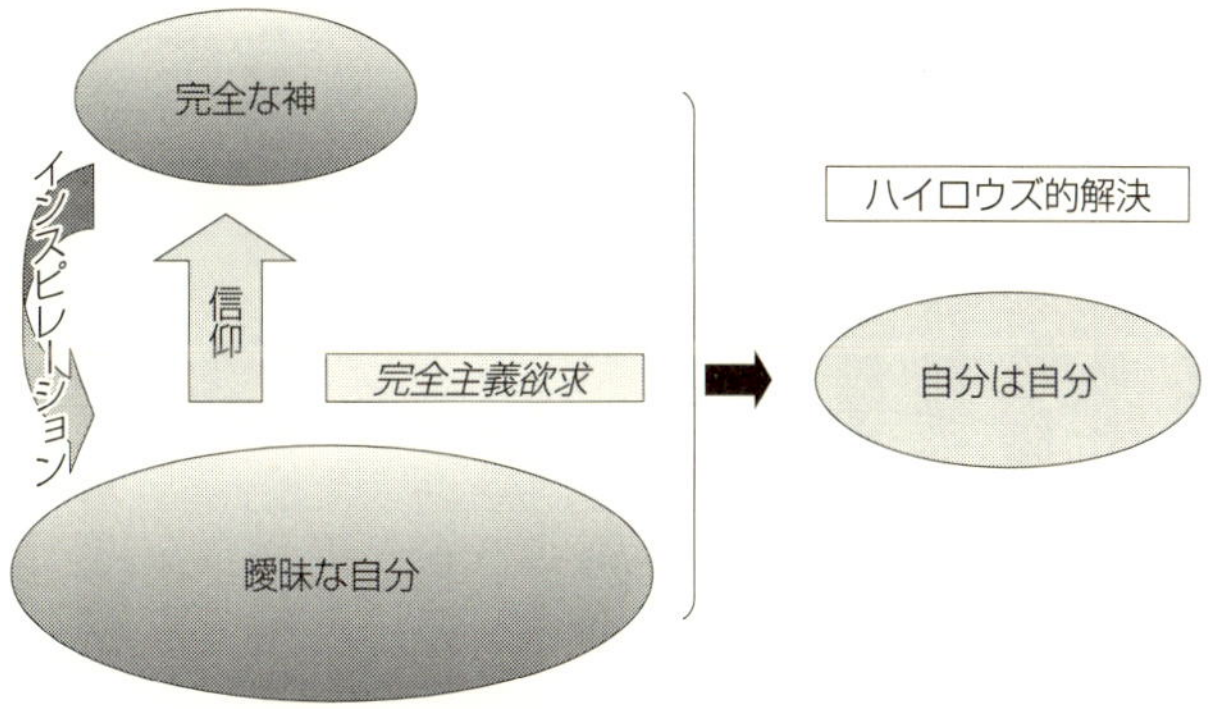

図Ⅰ－3－a　神に向かわない心

ミス（失敗）を過度に気にする傾向、④自分の行動に漠然とした疑いをもつ傾向。

この「完全主義」は、図Ⅰ－3－aに示す「完全な神」の志向を高める。「神の答え」を欲することによって自己の安定化を図るのだ。しかし、甲本と真島は、このような「神」への接近を採用しない。

神様にワイロを贈り
天国へのパスポートを
ねだるなんて本気なのか？
誠実さのかけらもなく
笑ってる奴がいるよ
隠しているその手を見せてみろよ

〈真島昌利作詞『青空』〉

信仰の組織化によって「神」への接近を図ることは滑稽であり、そもそも我々の「喜び＝本当の名場面」は自分自身で

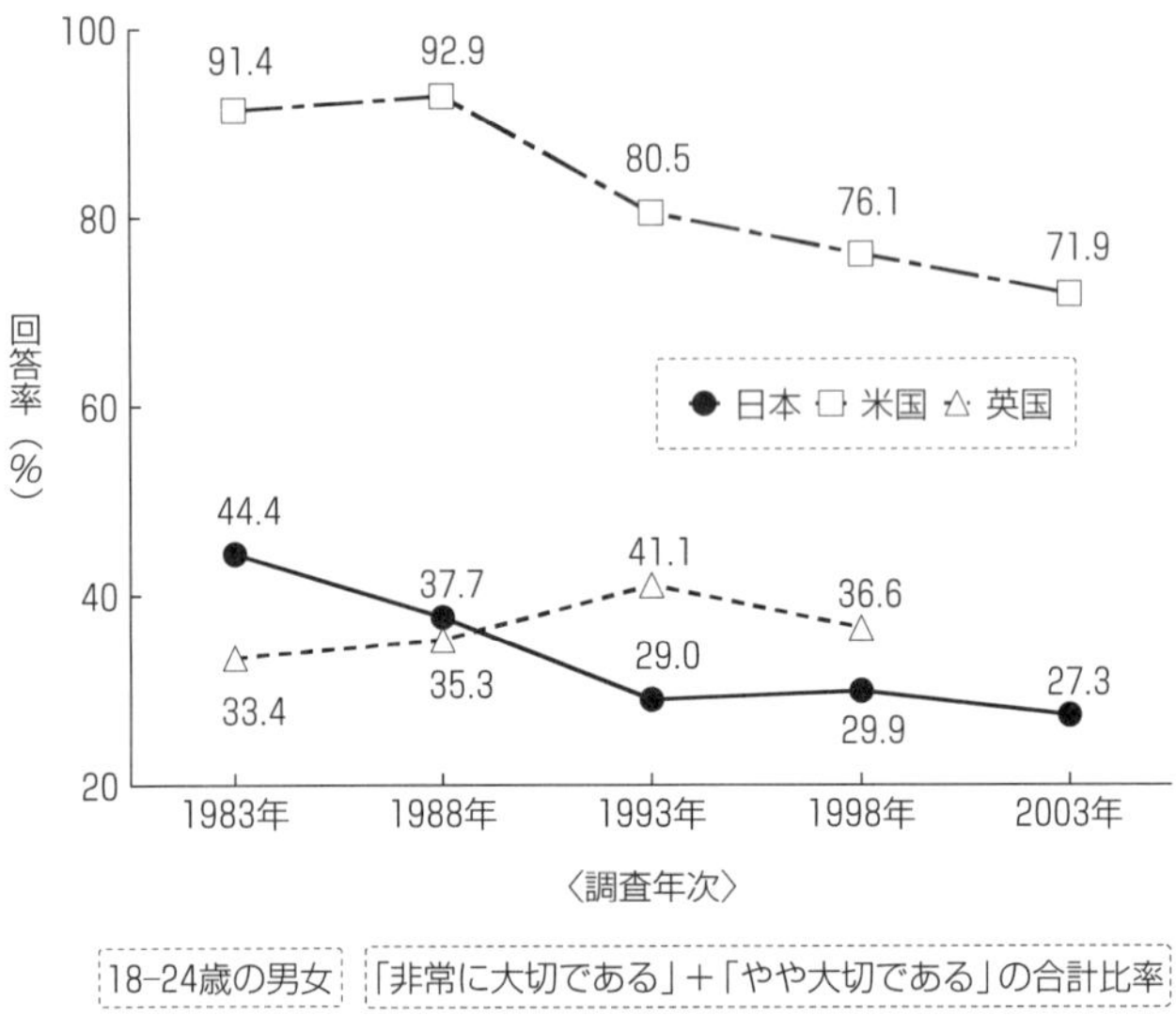

図Ⅰ－3－b　人生における宗教の大切さ
（総務庁青少年対策本部編，1999；内閣府政策統括官編，2004より）

摑みとるものなのだ。わが国では、米国に比べて若者が宗教を重視する程度はかなり低いが、九〇年代になるとその傾向はより顕著になる（図Ⅰ-3-b、総務庁青少年対策本部編　一九九九、内閣府政策統括官編　二〇〇四）。しかし、それでもわが国の三割弱の若者が宗教を重視しているのだ。

奇跡なんかじゃないんだよ　待ってたんじゃダメなんだよ
神の仕業ではないんだ　本当の名場面だ
他に方法はないんだ　他にはないんだ

〈甲本ヒロト作詞『フルコート』〉

つまり、甲本と真島による唱導は、

「過度に自己に完全性を求める」のでなく、「自分の不完全さ」を適度にありのまま認めることなのだ。彼らによる「神」という存在の消極的否定は、実は、後に見るように「生の単純肯定」のダイナミックスを逆説的に産出する。七〇年代半ばの経済成長至上主義的風潮に対する危機感を背景として現れた、わが国の新・新宗教を観察した室生（一九八六）は、「神や仏という絶対者の実在」と「絶対的な真理や宇宙観の提示」を若者が引きつけられる理由として挙げている。

宗教的志向性を検討したオルポートとロス（Allport & Ross, 1967）は、「安心感、慰め、つきあいと気晴らし、地位と自己正当化」を得るために信仰する「外発的志向性」と、信仰自体に強く動機づけられる「内発的志向性」を区別した。つまり、ハイロウズは、この「外発的志向性」に嫌悪を示すのだ。

いずれにせよ、「ブルーハーツからハイロウズへ」という移行は、宗教的帰依を青年という存在の曖昧さの解消道具にすることへの批判的行動として解釈できよう。

〔引用文献〕

Allport, G. W., & Ross, J. M. 1967 Personal religious orientation and prejudice. *Journal of Personality and Social Psychology*, **5**, 432-443.

Henderson, J. 1996 *Sex Pistols: Anarchy and the swindle.* UFO Music Ltd. 宮崎真紀訳『ANaRCHY AND the SWINDLE 勝手にしてやる』一九九六 シンコー・ミュージック

烏丸 通 二〇〇〇 ロックンロールで救われた『ブルーハーツと日本のパンク――「ロック革命児」のデビュー一五年目の総括――』音楽誌が書かないJポップ批評二〇 宝島社

室生 忠 一九八六『新人類と宗教――若者はなぜ新宗教に走るのか――』三一書房

内閣府政策統括官（共生社会政策担当）編 二〇〇四『世界の青年との比較からみた日本の青年――第七回世界青年意識調査報告書――』国立印刷局

音楽誌が書かないJポップ批評三五 二〇〇四『尾崎豊 FOREVER YOUNG』宝島社

大山 正・今井省吾・和気典二編 一九九四『新編 感覚・知覚心理学ハンドブック』誠信書房

オリコン年鑑 二〇〇五『オリコン年鑑二〇〇五年版――データ本――』オリコン・エンタテインメント株式会社

Parker, A. 2003 *Vicious: Too fast to live...* Creation Books 竹林正子訳『シド・ヴィシャスの全て』二〇〇四 ロッキング・オン

桜井茂男・大谷佳子　一九九七　自己に求める完全主義と抑うつ傾向および絶望感との関係　心理学研究　六八　一七九―一八六頁
総務庁青少年対策本部編　一九九九『世界の青年との比較からみた日本の青年――第六回世界青年意識調査報告書――』大蔵省印刷局

〔音源〕

グッドバイ（作詩・作曲／真島昌利）　THE HIGH-LOWS 1995

パンク・ロック（作詞・作曲／甲本ヒロト）　THE BLUE HEARTS 1987

インスピレーション（作詩・作曲／河口純之助）　STICK OUT 1993

青空（作詩・作曲／真島昌利）　TRAIN-TRAIN 1988

フルコート（作詩・作曲／甲本ヒロト）　HOTEL TIKI-POTO 2001

＊＊＊＊＊

GENERATION X *PERFECTS HITS 1975–1981* TOCP–53285

Sex Pistols *NEVER MIND THE BOLLOCKS* VJCP–3215

アナーキー　アナーキー・ライブ VICL–2124

尾崎豊 *SEVENTEEN'S MAP* SRCL–1910

第Ⅱ章
青年という存在

Black man gotta lot a problems

黒人たちは，やたらに，問題を抱えてる

But they don't mind throwing a brick

だが，あいつらは平気で石を投げる

White people go to school

白人たちは，学校に行く

Where they teach you how to be thick

そこで，いかに間抜けになるか，教え込まれる［宮内豊訳］

〈*"WHITE RIOT"* written by Strummer & Jones（The Clash）〉

1. つくり出された青年

青年とは一体どのような存在なのだろうか。従来の伝統的な青年心理学の枠組みによると、青年期は「子どもから大人への過渡期」として位置づけられる。レヴィン（Lewin, 1951）は、青年を、子ども集団と大人集団という異質の領域の移行途中にあると考え、青年に関する「場理論」的な分析を試みた。彼は、青年期の特徴として次の点を挙げた。①所属集団の変更、②認知的に構造化されていない未知の領域への移行、③最も身近で重要である自己身体の急激な変化（成熟）、④周囲からは飛躍と見られる領域間の移動、⑤時間的展望の分化・拡大、⑥子ども集団からは押し出されながら、大人集団からは受容されない境界人（marginal man）的存在。このために、青年は、情緒的緊張の高まりと不安定さによって特徴づけられる「疾風怒濤（storm and stress）」の時代ともいわれる。ここでは、「子どもから大人への過渡期」と位置づけられた存在として捉えられた青年を「伝統的青年像」と呼ぶことにする（図Ⅱ-1-a下半分）。

ブルーハーツの大ヒット曲でもある『TRAIN-TRAIN』では、青年という中途半端な時期を彷徨いながら、「見えない」未来に向かって心が研ぎ澄まされる様が唄われる。

栄光に向って走るあの列車に乗って行こう
はだしのままで飛び出してあの列車に乗って行こう
弱い者達が夕暮れさらに弱い者をたたく
その音が響きわたればブルースは加速して行く
見えない自由がほしくて
見えない銃を撃ちまくる
本当の声を聞かせておくれよ〈真島昌利作詞『TRAIN-TRAIN』〉

さらに、青年の心は、「爆発寸前」の情緒的緊張の高まりと不安定さを特徴とする。

導火線に火がついたのはいつだったろうか
中学生の頃か生まれる前か
爆発寸前の火薬のような
レコードが好きだった〈甲本ヒロト作詞『旅人』〉

これらは、ブルーハーツの主要成分が「伝統的青年像」に合致した心性の表出にあることを示している。

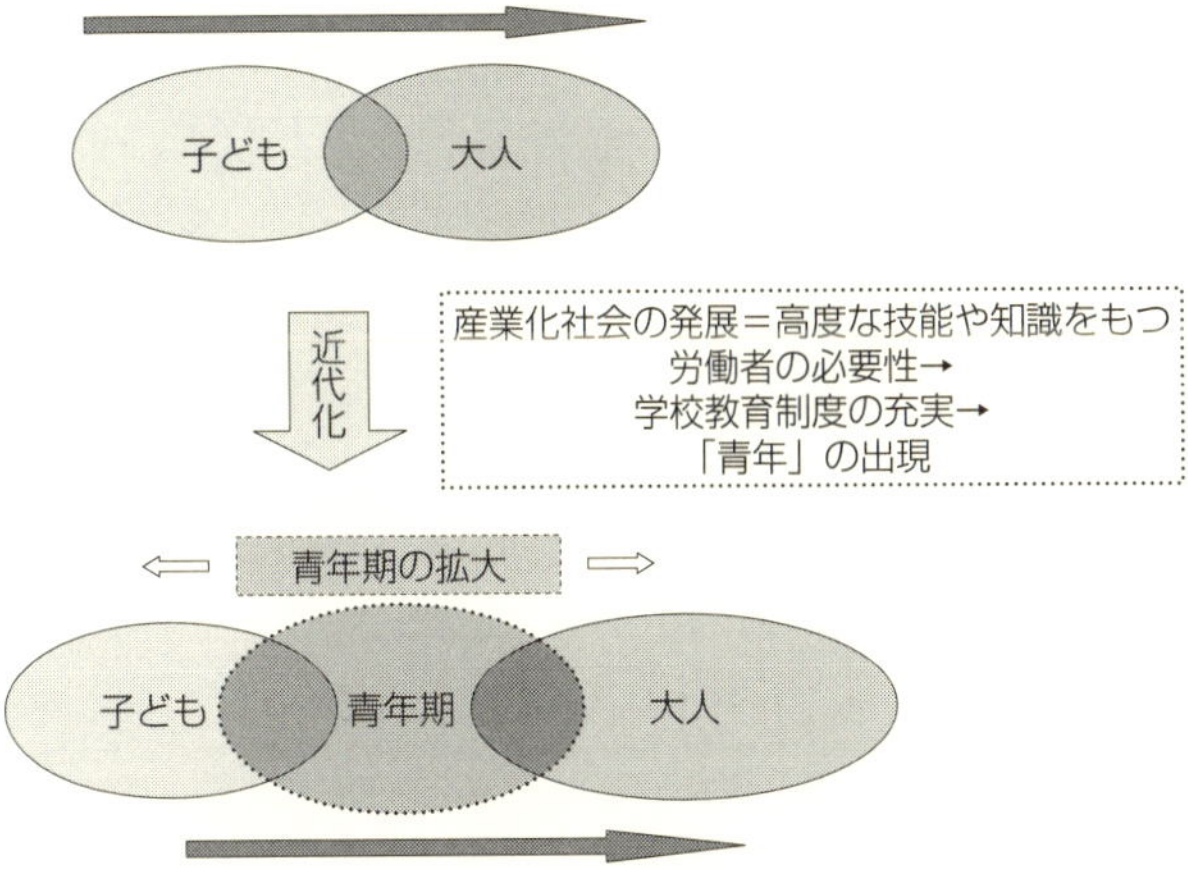

図Ⅱ-1-a　つくられた青年期とその拡大

しかし、近年、青年心理学が確立した「伝統的青年像」と現実の青年が示す行動や心性的特徴の不一致が現れ、青年期の問い直しが試みられるようになった。加藤（一九八七）によれば、①青年期の拡大と区分変化、②児童期から成人期への連続性、という問題が指摘されている。①については、青年期の開始は、身体的発達や性的成熟が重要な契機となるが、明らかにこれらの点での若年化する傾向があり、小学校高学年くらいに青年期の始まりを見てもおかしくはない。また、青年期集結の重要な指標として経済的自立や結婚を挙げることができるが、初婚年齢の上昇に見られるように、青年期が延長されていると判断できる。これらのことを踏まえ、加藤は、新たな青年期の区分を提案した。自己の変化と動揺を特徴とする「青年期前期（一一―一六歳頃）」、自己の再構成が試みられる「青年期中期（二〇―二二歳頃）」、自己と社会の統合に向かう「青年期後期（二五—二六歳頃）」。

これらをまとめると、「子ども→青年→大人」という伝統的図式に青年期に関する論議は呪縛されており（図Ⅱ-1-aの下部）、青年期の拡大などの指摘もこの図式を如何に緻密に修正するかという方向に行われていることになる。しかしながら、「子ども→青年→大人」という図式が、実は自然な発達経路ではなく、近代社会の進展の中で社会的に成立した図式であることが文化人類学者の確立者の一人であるミード（Mead, 1961）が一九二八年に公刊した『サモアの思春期』によって明らかにされる。彼女は、南太平洋にあるサモアの人々の生活を観察することにより、サモアの少女たちに青年期的特徴がないことを「発見」したのである。この「発見」に従えば、もともとは「子ども→大人」の発達構図は（図Ⅱ-1-aの上部）、産業社会の誕生に伴い、それが必要とする高度な労働力確保のために当該社会が設定した「大人になるための期間」を間に挟み込むことによって、「子ども→青年→大人」という構図へと変容を遂げる（図Ⅱ-1-aの下部）。

自我同一性理論を提起したエリクソン（Erikson, 1959）は、青年期の本質を「モラトリアム」として捉えた。社会の側が、青年に対して社会的責任や義務の決済を猶予するのである。そのため、青年は、社会的実験、遊び、冒険が許容され、自由精神を謳歌する反面、心理的彷徨を反復しながら、自我を確立していく。その結果として、社会へと参加するのである。エリクソンは、青年の特徴として、①半人前意識と自立への渇望、②真剣かつ深刻な自己探求、③局外者意識と歴史的・時間的展望、

④禁欲主義とフラストレーションを挙げる。

ところで、木村（一九九八）は、明治期において「壮士」に対置された「青年」概念を論じることによって、その時期の若者の心性の解読を試みた。「壮士」とは社会や政治に対する「悲憤慷慨」を主感情として登場した一団である。それを批判・超克する形で「青年」の概念が登場する。「青年」は、自分のすべてを把握してくれる「真友」を絶えず求め、その結果として自己の「内面」をつねに対象化する。これは、まさに伝統的青年心理学で想定されている「青年像」である。ここで重要なのは、木村が指摘しているように、雑誌メディアを通してこの「青年像」が流布されたことである。つまり、わが国の近代化＝明治期は、同時に青年を誕生させたのだ。

青年期創造のつまり、青年期が近代社会がつくり出されたとすれば、それは社会の進展-変容の中で当然影響を受け、消失することすらあり得ることになる。

ここで、高度な労働力創出のために近代社会が整備した学校教育に着目しよう。図Ⅱ-1-bには、わが国の学校種類別進学率の推移が示してある（内閣府編　二〇〇二）。第二次大戦後の半世紀の間に、わが国の教育制度が「量的」に充実している様子を読み取ることができる。「教育基本法」では中学校までが義務として国民に課されているが、高校は、七〇年代中半からほぼ「全入」状態になっている。さらに、二〇〇〇年には、男子の大学進学率は四七・五％、女子のそれは三一・五％（短大進学率一七・二％）に達しており、かなりの若者が高校卒業後も教育を受け続けているのだ。近代社会が高度

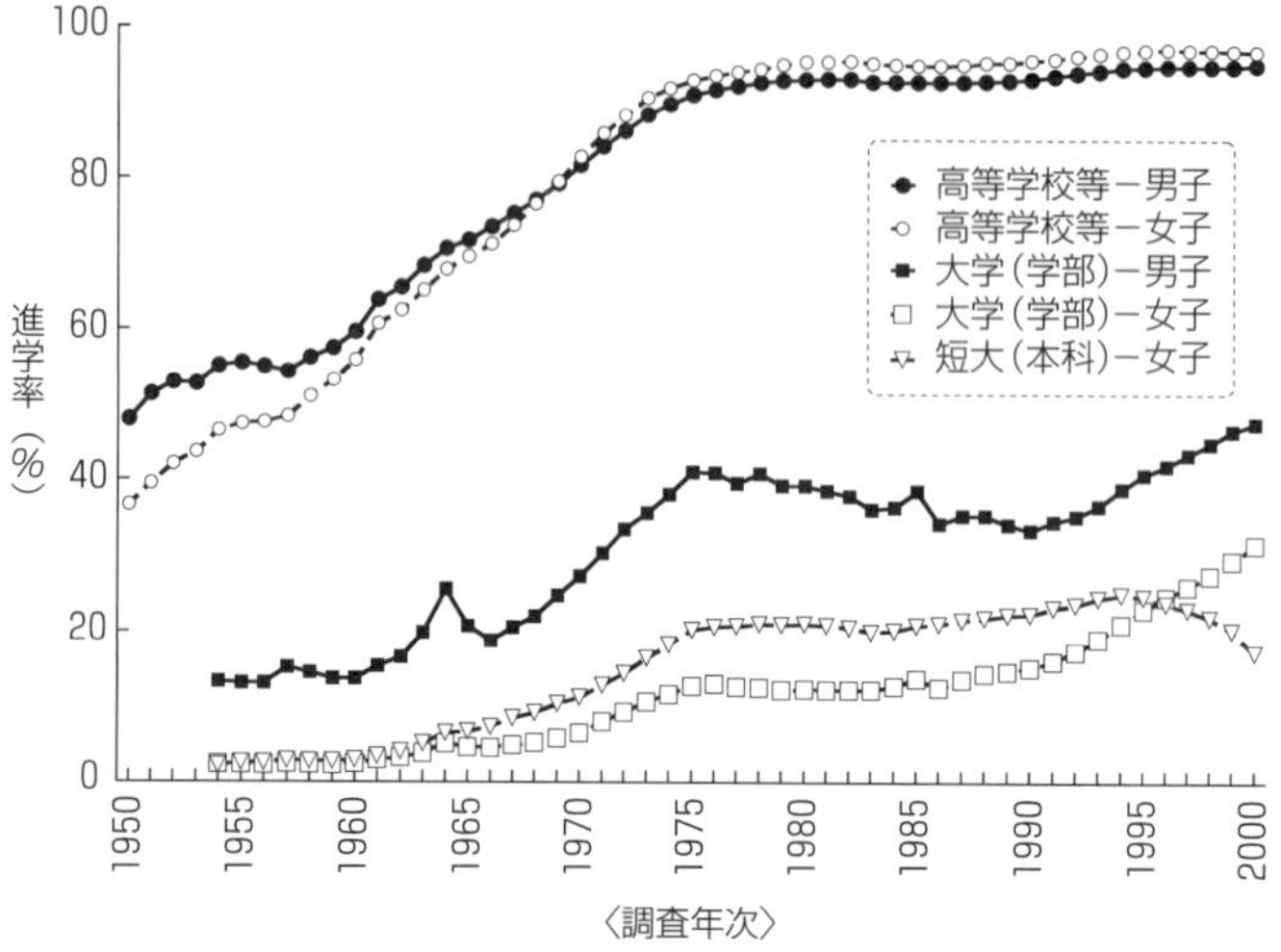

図Ⅱ－1－b　学校種類別進学率の推移（内閣府編，2002より）

な労働力創出のために設けた教育制度は、わが国では「外形的」には「大成功」と判断できる。しかし、この「大成功」に至る過程は、**表Ⅱ－1－a**に示すように、実は八〇年代頃から顕在化する一連の教育病理を伴っている（岩木　二〇〇〇）。

そもそもわが国の若者は、教育を受ける意義を「エリクソン」的に感じているのだろうか。学校在学生が感じている学校の意義を**図Ⅱ－1－c**に示した（内閣府政策統括官編　二〇〇四）。近代社会が課したもともとの教育意義に該当する「一般的・基本的知識の習得」、「専門的知識の習得」、および「職業的技能の習得」という点での意義は、米国の若者に比べ、わが国の若者ではあまり認められていない。わが国の若者が学校社会の存在理由として感じているのは「友

表Ⅱ－1－a　「教育病理」の変遷（岩木，2000より）

Ⅰ．集団的反抗	高校紛争〈1969-70〉　非行〈1974-83〉　校内暴力〈1980-85〉
Ⅱ．個人的反抗	家庭内暴力〈1979-81〉
Ⅲ．集団的内攻	いじめ〈1985-〉
Ⅳ．個人的内攻	登校拒否〈1985-〉　中途退学〈1987-〉

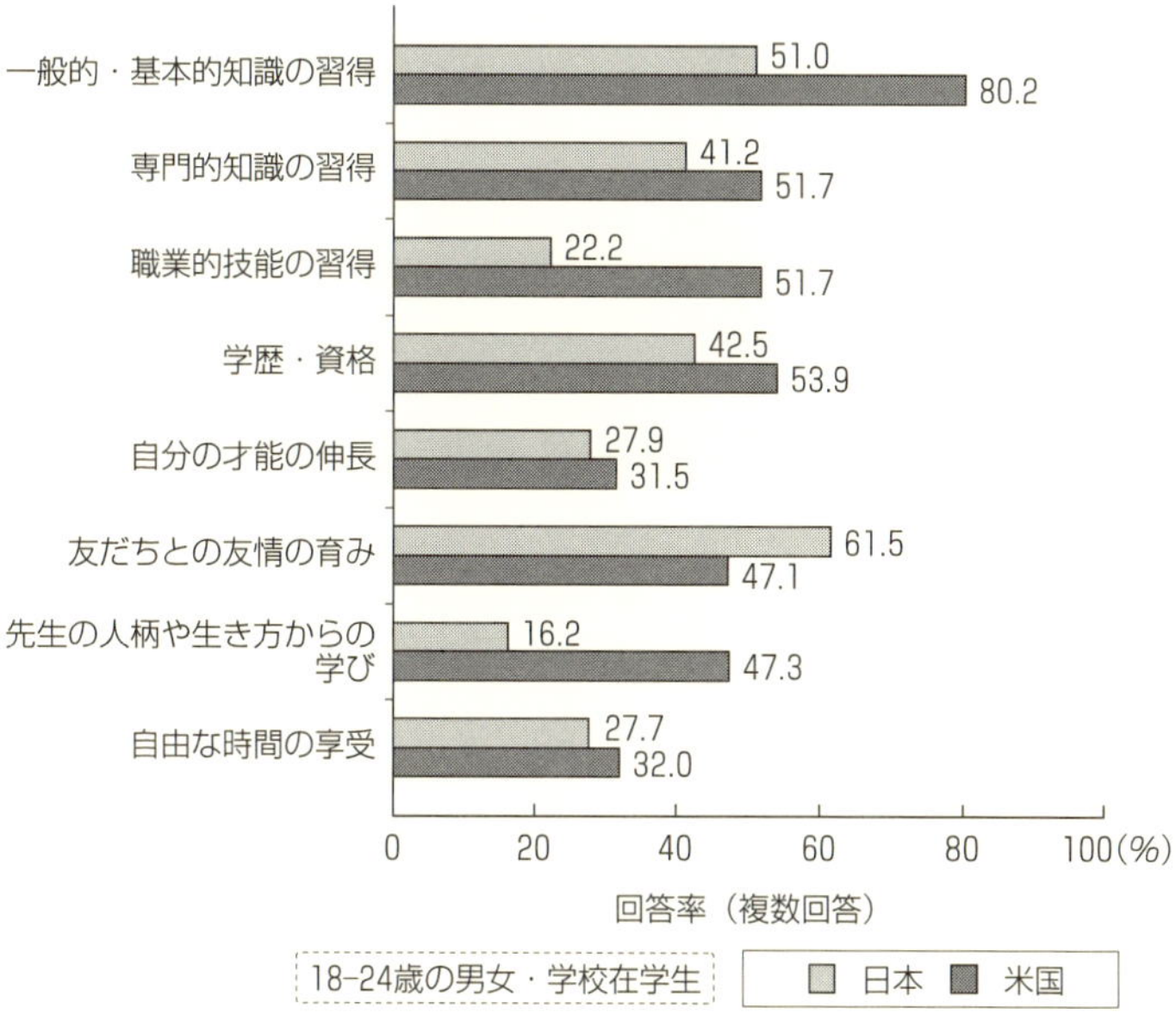

図Ⅱ－1－c　学校に通う意義（内閣府政策統括官編，2004より）

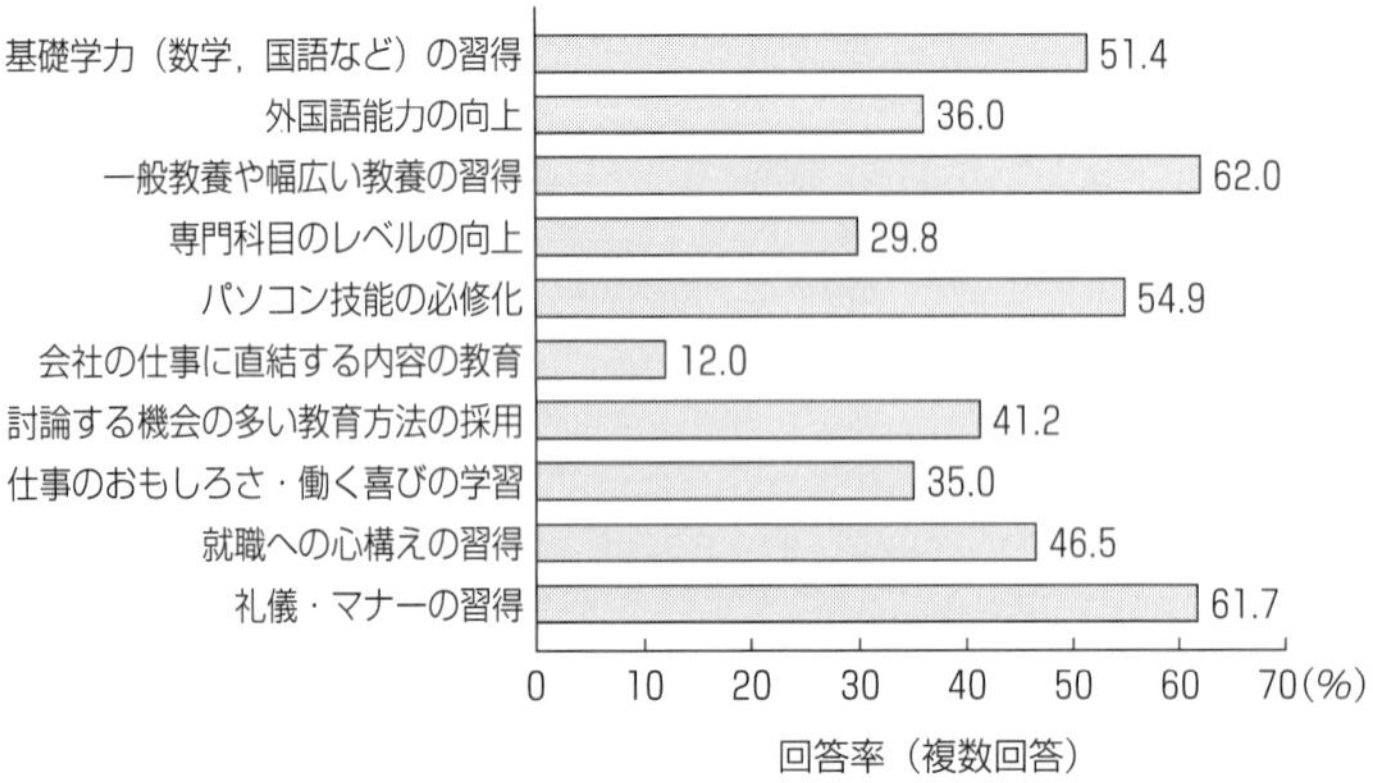

株式上場企業で2001年４月の４年制新卒者数が５人以上2228社
従業員数150人以上の外資系企業
大卒者採用企業214社

図Ⅱ-1-d　大学教育への企業の要望（永野編著，2004より）

だちとの友情の育み」である。

図Ⅱ-1-dには、永野ら（二〇〇四）が株式上場企業や外資系企業の採用担当者を対象とした調査の結果が示してある。企業側が大学教育に望む点は、「基礎学力」、「教養」、「パソコン技能」や、「礼儀・マナー」の習得なのだ。つまり、この結果は、もちろん全体的にであるが、社会の側が大学に専門人の育成を期待しておらず、あえて言えば、必ずしも大学に行かなくても習得できる事柄を求めている。

しかしながら、高等教育を中身として見たときには近代社会の理念に反する状態を孕んでいるにもかかわらず、高等教育の普遍化（図Ⅱ-1-b）が惹起されているのである。ところで、大学進学行動に関して、二つの仮説が教育経済学的分野で提出されている（荒井　一九九五）。

「人的資本」仮説：四年間の大学教育はさまざまな費用を伴う。しかし、投資によって蓄積された知識・技能等は生産能力を増大させ、卒業後長期間にわたって便益ないしは収益をもたらす。このような長期の便益を期待して、大学教育のための投資が行われる。

「シグナリング」仮説：大学卒業証書は大学で獲得した知識や技能を証明するのではない。個人の生得的な生産能力や、大学入学までに（家庭等で）獲得した生産能力が、どれだけ高いかという情報を、社会に伝達するにすぎない。

要するに、社会の側が「シグナリング仮説」に沿った期待（図Ⅱ-1-d）をすることにより、教育を受ける若者も近代社会が設定した教育意義とは無関係に動き始めるのだ。結果として、学歴社会という名の「仮構ゲーム」が成立する。

2. 大人になることの曖昧さ

「子どもから大人への過渡期」という曖昧な時期におかれた青年は、大人の方向へと駆り立てられなくてはならない。中・高校生に「早く大人になりたいか」を問うた全国調査を見ると、**図Ⅱ-2-a**に表すように、ほぼ六割近くの者が大人になることに消極的であることが分かる（NHK放送文化研究

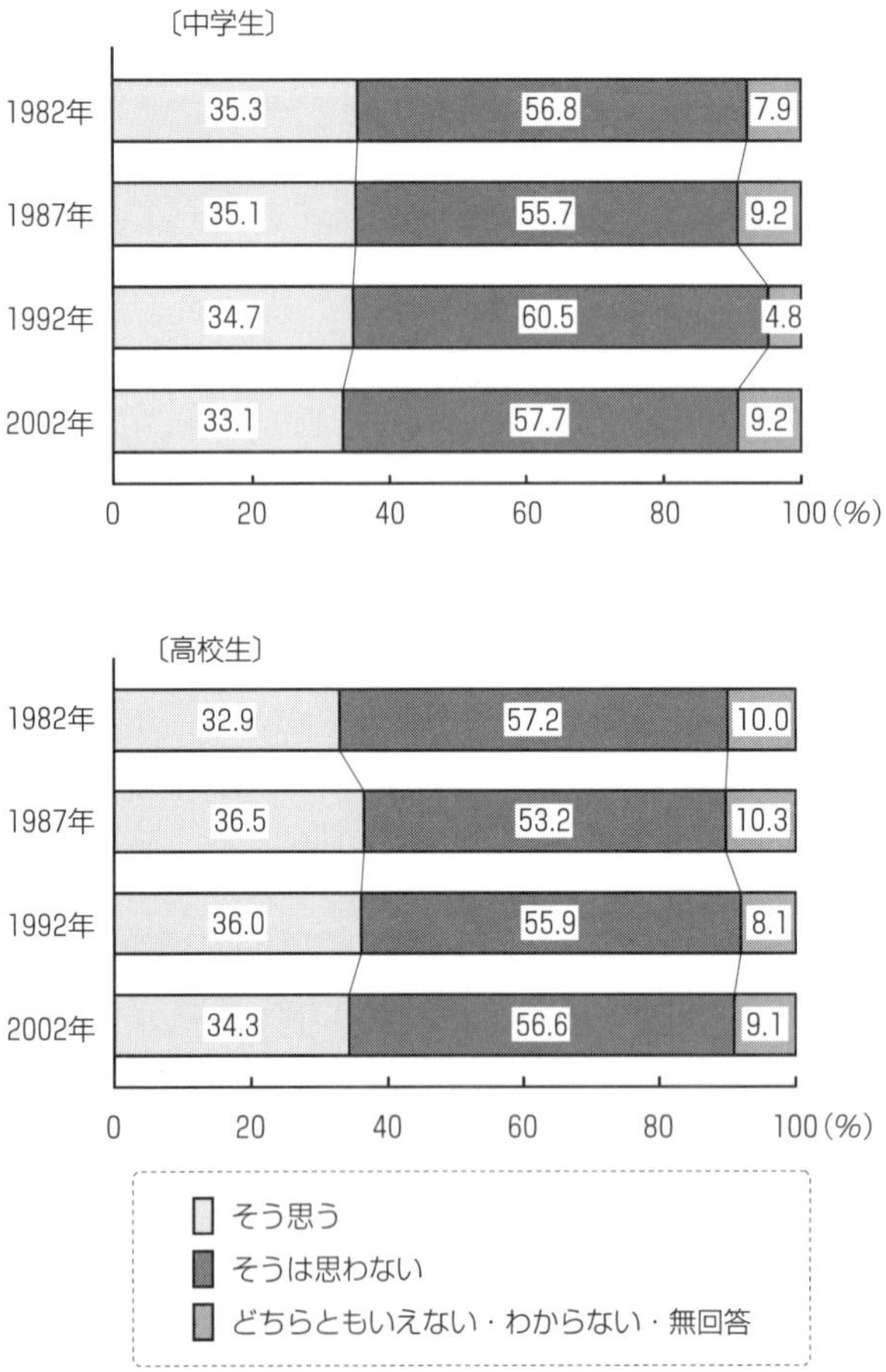

図Ⅱ−2−a 「早く大人になりたい」と思うか
（NHK 放送文化研究所，2003より）

表Ⅱ－2－a　大人になりたくない理由（NHK放送文化研究所，2003より）

	〔中学生〕				〔高校生〕			
	1982年	1987年	1992年	2002年	1982年	1987年	1992年	2002年
大人になると，働かなくてはいけないから	2.4	10.6	10.0	7.2	3.9	5.1	10.3	8.2
子どもでいるほうが楽だから	25.2	**34.1**	**41.3**	**34.9**	21.5	**30.4**	**28.9**	**32.9**
大人になっても，とくにやりたいこともないし，夢もないから	6.9	6.9	6.3	6.1	4.7	7.0	6.6	6.3
大人になって，仕事や家のことをちゃんとやっていける自信がないから	9.7	7.4	8.4	13.9	10.9	10.6	13.0	16.6
まわりの大人をみていると，ずるい人や自分勝手な人が多いから	**18.8**	13.0	8.2	11.2	**22.2**	14.7	12.7	13.2
大人になることがなんとなく不安だから	**31.8**	22.3	22.2	18.4	**32.7**	26.8	23.5	18.2
その他	2.9	2.6	0.0	2.4	2.8	2.3	2.5	2.9
わからない・無回答	2.2	3.0	3.6	5.9	1.4	3.1	2.5	1.8

回答率（%）

所編　二〇〇三）。さらに、その理由について示した**表Ⅱ－2－a**からは、大人への不信感（「ずるい人や自分勝手な人」）や大人への移行不安（「大人になることがなんとなく不安」）は減少し、現在の状態の気楽さ（「子どもでいるほうが楽」）が増加していることになる。

では、大人への移行を引き留めるほど、学校生活は魅力的になったのだろうか。大多和（二〇〇〇）は、ほぼ二〇年の間の高校生の生活意識を比較した（**表Ⅱ－2－b**）。学校生活の規範性が崩壊しながらも、学校生活に対する肯定的感情と否定的感情がともに減衰しており、いわば淡泊化

表Ⅱ－2－b　高校生活の変容（大多和，2000より）

	'79年	'97年
〔交友関係の境界〕		
学校の外に親しい友人がいる	85.4	92.2 ↑
〔校則への表面的同調〕		
校則は校則だから当然守るべきだと思う	71.1	54.3 ↓
先生からよく見られるためにも規則に従っている	21.8	27.8 ↑
〔学校適応の二面性〕		
この学校のやり方に不満を感じる	74.0	49.8 ↓
学校生活は楽しい	73.6	59.2 ↓
〔多様化する逸脱〕		
ゲームセンター・パチンコに興味・関心がある	36.0	31.5 ↓
茶髪・ロン毛・パーマ・リーゼントに関心がある	26.5	30.2 ↑

回答率（%）

した学校生活像が生じている。つまり、前節で確認したように、近代が創出した学校生活の享受は希薄化しているといえる。

　しかし、一方で大人になりたくないという気持ちはあるのだ（**図Ⅱ－2－a**）。若者に社会的成功を得るための重要なものを尋ねた全国調査によると興味深い傾向を読みとることができる（内閣府政策統括官編　二〇〇四）。**図Ⅱ－2－b**から分かるように、多くの者が挙げる成功要因が「努力」であり、「才能」や「運」が続く。しかし、九〇年代の終わりには「運」を挙げる割合が激減している。つまり、大人社会でうまくやっていくには、「才能」や「努力」というその時点で達成されたものがその人に備わっていなければならないのだ。そのような要因の点で達成不全の者にとって、「運」要因が作動しないことは、絶望するしかない。さらに、**図Ⅱ－2－c**には、「学歴」に関する結果の推移が示してある。「学歴社会」である

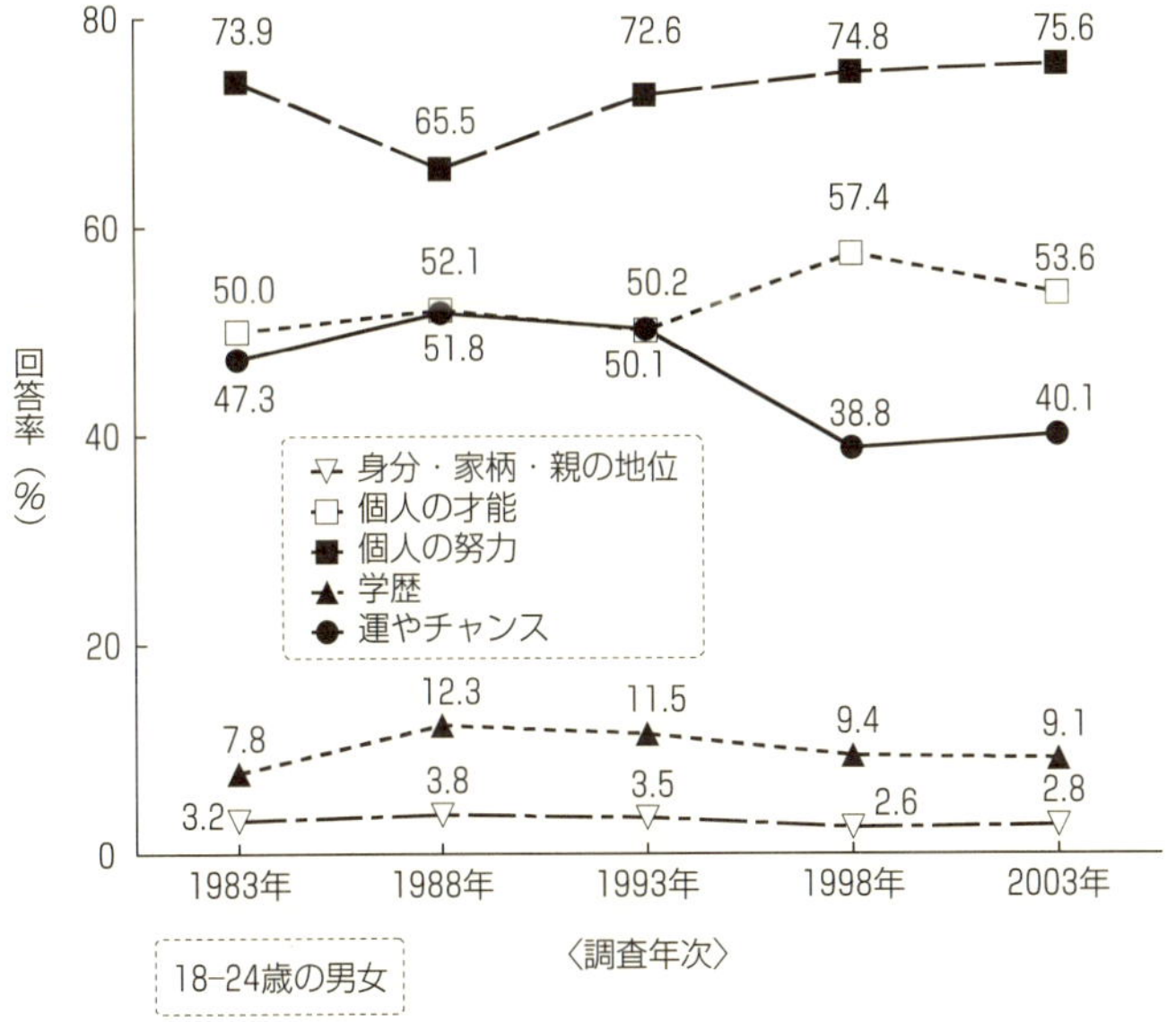

図Ⅱ－2－b　社会的成功にとって重要なもの――2つまで選択可能――
（内閣府政策統括官編，2004より）

はずのわが国の若者は、案に違い、英国や米国の若者に比べて、「学歴」が成功の決定的要因だとはあまり考えていないのだ。これは、先に見た学校教育の意義の希薄化と符合する。

ここで、一つの仮説を提案しよう。「伝統的青年像」は「いずれは大人社会に移行する自分」という前提を内包している。しかし、この前提を取り払った瞬間に「今この瞬間」の無条件の肯定が現れるのだ。

明日の事は　蟻にあげたよ
明日の事は　蠅にあげるよ
だけど今この瞬間は

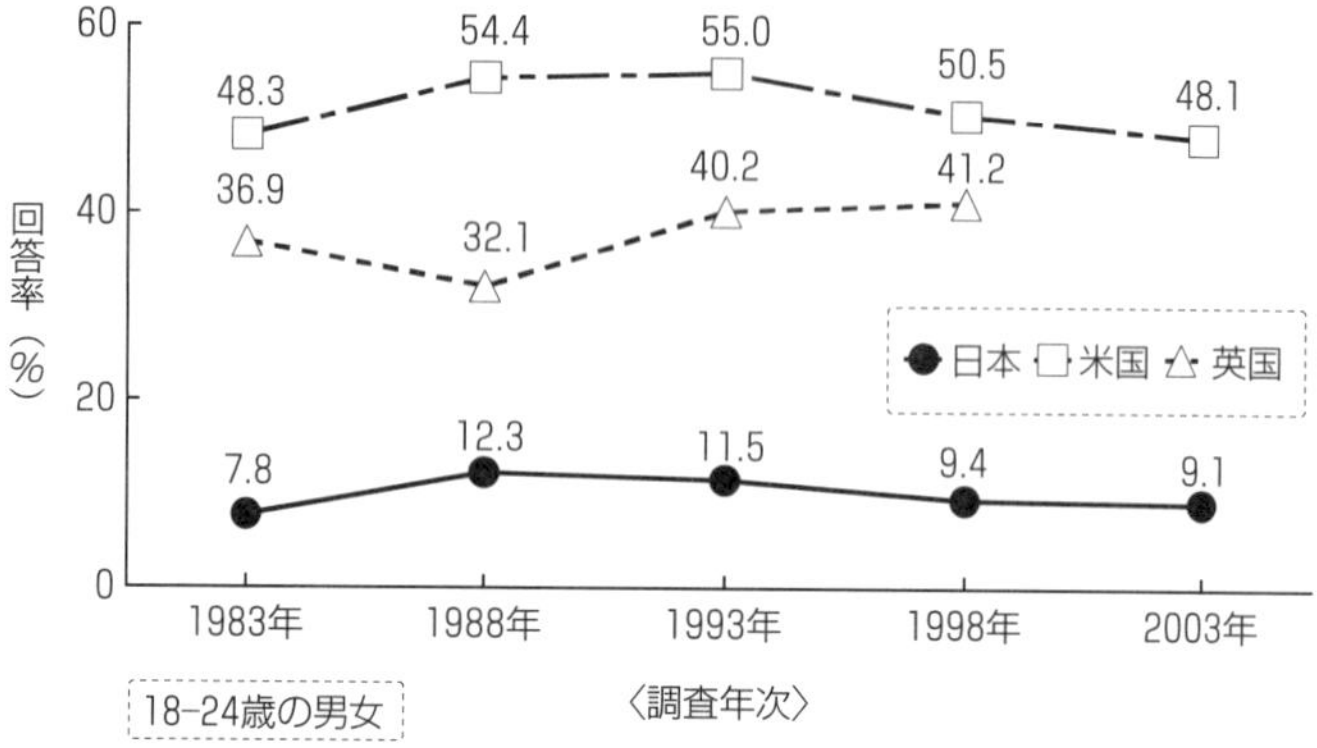

図Ⅱ-2-c　社会的成功に対する「学歴」の重要性
（内閣府政策統括官編，2004より）

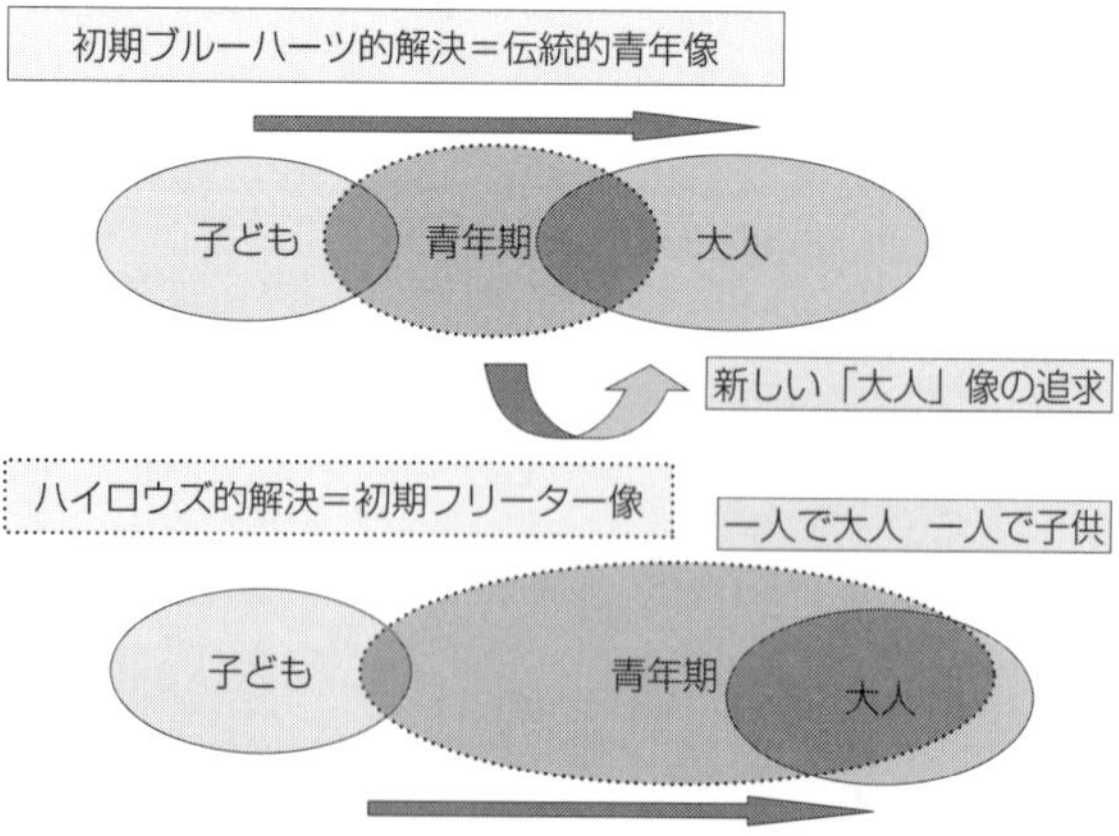

図Ⅱ-2-d　新しい青年の創出──「初期フリーター」像──

神様にもあげはしない
イェー　これはゆずれない
一人で大人　一人で子供〈真島昌利作詞『一人で大人　一人で子供』〉

つまり、近代社会が創出した青年期に自分がいようがいまいが、大人への移行に駆り立てられることなく、「今この瞬間」の享受を一義においた生き方をすべきなのだ。当然、これは、現在、社会的に問題視される「フリーター的生き方」を支えるイデオロギーといえる。**図Ⅱ-2-d**には、初期ブルーハーツが対象化した「伝統的青年像」と対比する形で、ハイロウズ主義ともいえる「初期フリーター像」を表した。このことについては、次章で詳しく述べよう。

〔引用文献〕

荒井一博　一九九五『教育の経済学――大学進学行動の分析――』有斐閣

Erikson, E. H. 1959 *Psychological issues : Identity and the life cycle.* International University Press. 小此木啓吾訳編『自我同一性――アイデンティティとライフ・サイクル――』一九七三　誠信書房

岩木秀夫　二〇〇〇　高校教育改革の動向――学校格差体制（日本型メリトクラシー）の行方――樋田大二郎・耳塚寛明・岩木秀夫・苅谷剛彦編著『高校生文化と進路形成の変容』学事出版　二一―四七頁

加藤隆勝　一九八七『青年期の意識構造――その変容と多様化――』誠信書房

木村直恵　一九九八『〈青年〉の誕生――明治日本における政治的実践の転換――』新曜社

Lewin, K. 1951 *Field theory in social science.* Harper & Brothers. 猪股佐登留訳『社会科学における場の理論』一九五六　誠信書房

Mead, M. 1961 *Coming of age in Samoa.* William Morrow & Company. 畑中幸子・山本真鳥訳『サモアの思春期』一九七六　蒼樹書房

文部科学省　二〇〇四『教育指標の国際比較　平成一六年版』国立印刷局

永野　仁編著　二〇〇四『大学生の就職と採用』中央経済社

内閣府編　二〇〇二『平成一四年版男女共同参画白書』財務省印刷局

内閣府政策統括官（共生社会政策担当）編　二〇〇四『世界の青年との比較からみた日本の青年——第七回世界青年意識調査報告書——』国立印刷局

ＮＨＫ放送文化研究所編　二〇〇三『現代中学生・高校生の生活と意識調査——楽しい今と不確かな未来——』ＮＨＫ出版

大多和直樹　二〇〇〇　生徒文化——学校適応——　樋田大二郎・耳塚寛明・岩木秀夫・刈谷剛彦編著『高校生文化と進路形成の変容』学事出版　一八五—二一三頁

〔音源〕

TRAIN-TRAIN（作詩・作曲／真島昌利）　TRAIN-TRAIN 1988

旅人（作詩・作曲／甲本ヒロト）　STICK OUT 1993

一人で大人　一人で子供（作詩・作曲／真島昌利）　angel beetle 2002

＊＊＊＊＊

The Clash *THE SINGLES* ESCA-7551

第Ⅲ章
未来に向かわず

I pray

　　いくら祈っても

and nothing happens

　　なんにも起こりゃしない

Jesus

　　俺はキリストのことばかり

it's all in my mind

　　考えてるってのに

You say

　　あんたらは言うのさ

stop looking for answers

　　"答えを求めるなかれ"

and reasons

　　その頭ん中は

they're all in your mind

　　ろくでもない理屈でいっぱいなんだろ［内田久美子訳］

〈*"ALL IN YOUR MIND"* written by Ian McCulloch
(Echo & The Bunnymen)〉

1. 自分という存在の不確かさ

まず、ブルーハーツが表出する一連の唄の中に、「伝統的青年像」がいかに現れるかを『未来は僕等の手の中』や『うそつき』をテキストに点検しよう。

誰かのルールはいらない　誰かのモラルはいらない
学校もジュクもいらない　真実を握りたい
僕等は泣くために　生まれたわけじゃないよ
僕等は負けるために　生まれてきたわけじゃないよ〈真島昌利作詞『未来は僕等の手の中』〉

自分がおかれている状況＝社会を支配する「ルール」や「モラル」に対する否定的態度を抱きながらも、青年は、「真実」という未来に向かって進む。

一〇〇億もの嘘を
ついたら今よりも

立派になれるかな
今までよりもずっと
……
下手な嘘ならすぐばれて　寂しくなっちゃうよ
せめて一〇〇年はばれない　たいした嘘をつく〈真島昌利作詞『うそつき』〉

しかし、それは、「一〇〇億もの嘘」によって象徴される大人社会の受容ではなく、「新しい大人像」の追求なのだ（図Ⅱ－2－d）。次の「少年の詩」も同様に現状の否定と未来への駆り立てが表出される。もちろん「大人たちにほめられるようなバカ」な存在を目指すのではない。「ナイフ」が介在する緊張関係をもちつつ、「このままじゃいけない」現状の打破が動機づけられるのだ。

別にグレてる訳じゃないんだ
ただこのままじゃいけないってことに
気付いただけさ
そしてナイフを持って立ってた
……
誰の事も恨んじゃいないよ　ただ大人たちにほめられるような

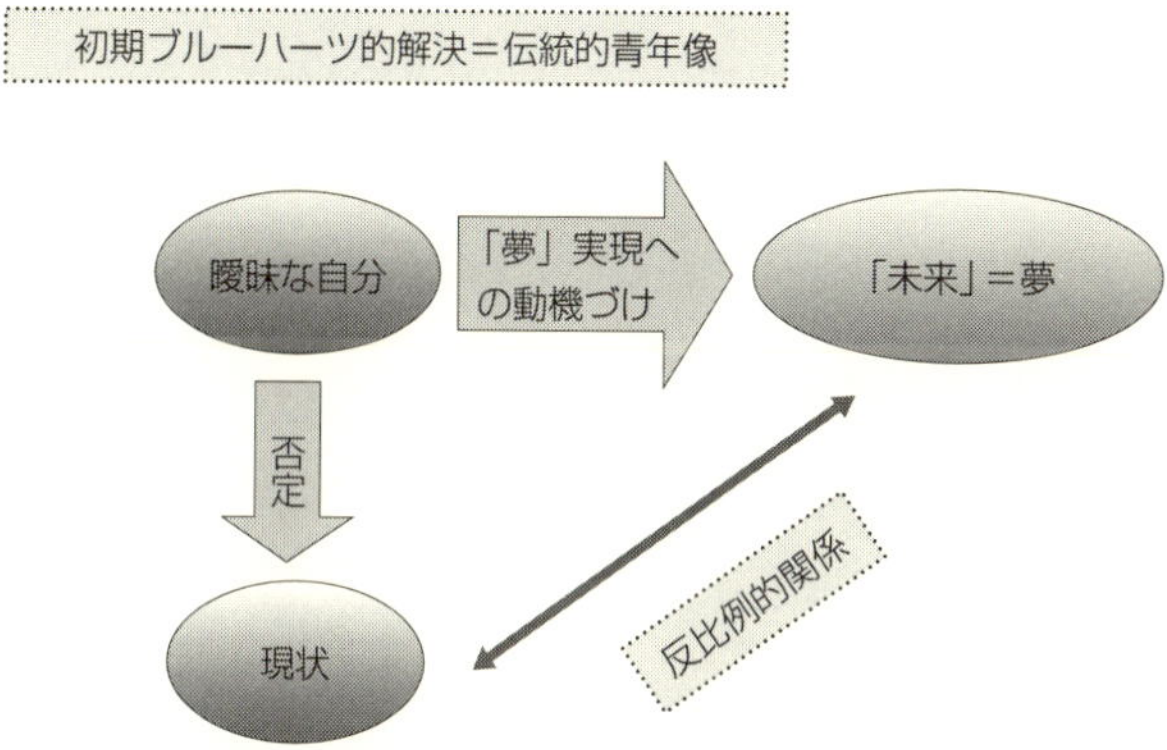

図Ⅲ－１－a　「夢」実現への動機づけ
――初期ブルーハーツ的青年像――

バカにはなりたくない
そしてナイフを持って立ってた
〈甲本ヒロト作詞『少年の詩』〉

「子どもから大人への過渡期」にある不安定さを背負い続けることは、絶えられない。その絶え切れなさは、一つはこのように自分の未来を想定することによって解消される。「夢」である。現状へのむかつきが「夢」を産出し、その「夢」が逆に否定的な現状に覆われた自分を安定化させるのだ。「伝統的青年像」に依拠するブルーハーツの重要なエッセンスはこの「夢」である。これを**図Ⅲ－１－a**に表す。

不安定さの渦にある青年が試みる、もう一つの心理的解決は、過去への回帰である。ノスタルジアの機能を考察したデーヴィス（Davis, 1979）によれば、ノスタルジアとは「現在もしくは差し迫った状況に対する

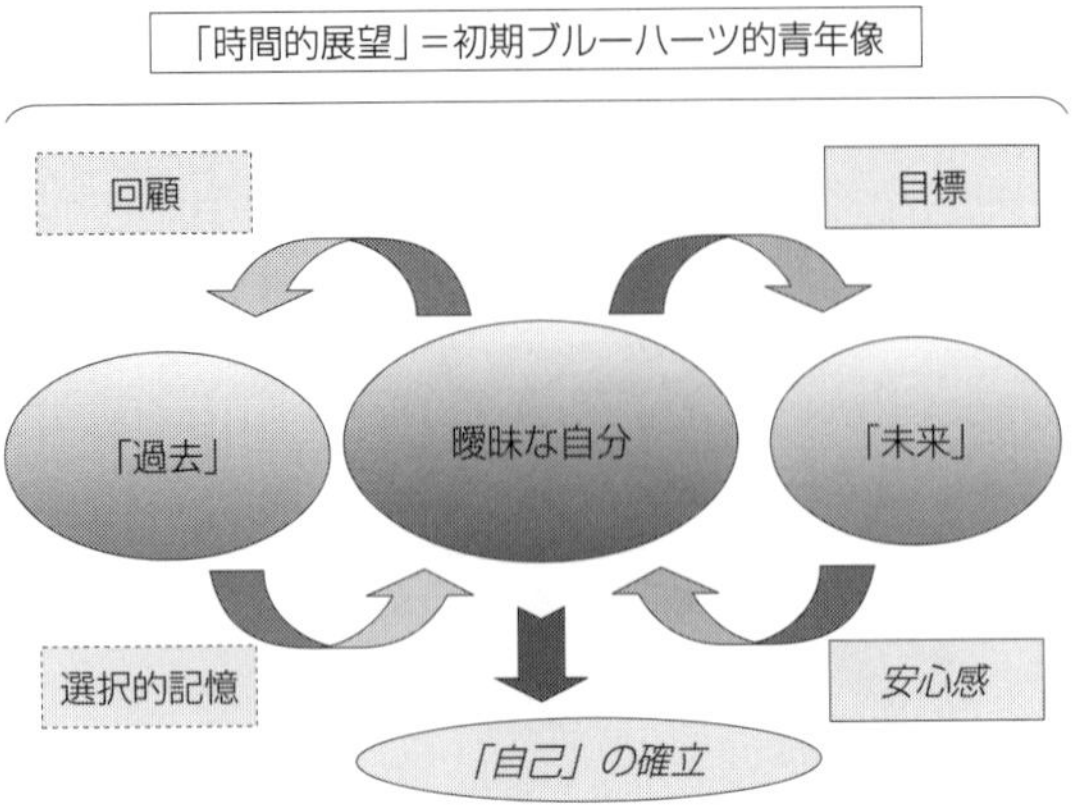

図Ⅲ－1－b　「曖昧な自分」からの脱出
——初期ブルーハーツ的青年像——

なんらかの否定的な感情を背景にして、生きられた過去を肯定的響きでもって呼び起こすこと」である。青年は、過去をばら色に変容して想起・再構成することによって、現在の不安定さを乗り越えることができる。

レヴィン（1951）は、現時点での心理的状態が「希望や願望」や「自分の過去の見解」に影響されることを指摘し、「ある与えられた時に存在する個人の心理学的未来及び心理学的過去の見解の総体」を「時間的展望」と定義した。レヴィンの「時間的展望」の考えに従えば、「子どもから大人への過渡期」に位置づけられた曖昧な存在＝境界人である青年は、過去をふり返り、未来を描くことによって、曖昧な存在を克服できるのだ。この構図を図Ⅲ－1－bに表す。これによれば、「新しい大人像」の追求や「夢」は図Ⅲ－1－bの右半分にあたり、これによって「現在」を安定化しているのだ。また、過去を都合よく想起することによって「現在」の不安を取り除くことは図Ⅲ‐1‐bの左部分を指している。

ところで、過去への回帰方略は、ブルーハーツやハイロウズではほとんど唱導されず、ハイロウズの「青春」が該当するくらいである。

渡り廊下で先輩殴る
身に降る火の粉払っただけだ
下校の時にボコボコになる
六対一じゃ袋叩きだ
……
校庭の隅　ヒメリンゴの実
もぎって齧る　ひどく酸っぱい〈真島昌利作詞『青春』〉

『青春』で唄われる懐かしみは、例外的であり、甲本や真島は、過去の回帰方略（図Ⅲ‐1‐bの左部分）を、基本的には好まない。近年、アダルト・チルドレンという言葉が流行している。「アルコール依存症」の親をもつ家族の中で育った成人を「アダルト・チルドレン」と呼び、一九七〇年代の米国で注目される（Woititz, 1983）。そして、必ずしも「アルコール依存症」家族でなくても、子どもに

「トラウマ」をもたらす家族（「機能不全家族」）の中で育った子どもにも一般化されたことを契機に、若者は現在の心の不安定さや揺らぎを「トラウマ（trauma）」によって説明できるようになった。「トラウマ」とは、フロイトが精神分析学を確立する上で中心に据えた概念で、心理学的に深刻な出来事を無意識下へと抑圧することによって防衛するが、その後長期に渡り心理的不全を引き起こす「心の傷」である（Freud, 1917）。

この「トラウマ」は、自分が統制不可能な原因であるがゆえに、現在自分が抱えている問題症状の責任を外在化してくれる。すべて、親のせいなのである。つまり、「いま感じている〈生きにくさ〉や対人関係がうまくいかないことに対する答え」の提供による「一種の安堵」をもたらすのである（与那原　一九九八）。さらに、「〈癒される側〉が〈癒す側〉へと移り変わる現象」（与那原　一九九八）つまりカウンセラー志望ブームすら喚起する。しかし、「トラウマ」現象については、とくに認知心理学の側からの実証的疑念が提起される（Loftus, 1997；高橋　一九九七参照）。

「ハイロウズ時代」になると、このような「トラウマ」への固執は全面的に否定される。

俺には不安なんかない　テレビのバカがあおってる
トラウマの大安売りだ　そんなに大したものかよ
どうでもいいじゃないか　そんな事はどうでも

どうでもいいじゃないか　そんな事はどうでも
スーパーソニックジェットボーイ〈真島昌利作詞『スーパーソニックジェットボーイ』〉

さらに、「トラウマ探し」を潜在動機とするカウンセリング・ブームもハイロウズにかかれば、格好の揶揄の対象となるのだ。

手当たり次第GO GO GO
反省しないGO GO GO
まるで大笑い
相談　相談　相談
相談しよう　そうしよう　相談しよう　そうしよう〈真島昌利作詞『相談天国』〉

要するに、ブルーハーツが奏でる「伝統的青年像」は、**図Ⅱ-2-d**の右半分つまり「夢」の追求に重みをおくことをここで再度確認しよう。

2. 相剋する目標

(1) 叶う夢

ブルーハーツの『夢』では、「本物の夢」への願望が真島によって直線的に表現される。ただし、その「夢」は「あれもしたい　これもしたい」という形で、眼前にある欲望を基盤にする。

建前でも本音でも
本気でも嘘っぱちでも
限られた時間の中で
借り物の時間の中で
本物の夢を見るんだ
本物の夢を見るんだ
あれもしたい　これもしたい
もっとしたい　もっともっとしたい〈真島昌利作詞『夢』〉

一方、甲本のほうは、例によって、『僕の右手』探しという多義的・変形的枠組みを構えながら、「叶う夢」への信仰を唄いかける。「夢」への動機づけは、「明日も　あさっても」持続的に喚起され、今の不安＝「涙」を乗り越えるのだ。

人間はみんな弱いけど
夢は必ずかなうんだ
瞳の奥に眠りかけた　くじけない心
いまにも目からこぼれそうな
涙の理由が言えません
今日も　明日も　あさっても　何かを捜すでしょう〈甲本ヒロト作詞『僕の右手』〉

ハイロウズに移行した後も、未来を想定することによって現在の心理的安定化を図るという手法は『夏の地図』で維持される。

オバケが出そうな夜の教室で
目的地までの正確な地図をノートに書いた
失くすなよ　失くしちゃダメだよ

必ず一度は道に迷うから
幻はぼんやり見える　夢ははっきり見える
幻はぼんやり見える　夢ははっきり見える〈甲本ヒロト作詞『夏の地図』〉

ここでは、「伝統的青年像」における「夢」が結局のところ当の若者の心の中に「幻」ではなく明確に据えられたものであることが明らかにされた。

(2) 夢は蜻蛉

実は、ブルーハーツは、今述べた「叶う夢」感覚を強調しながら、未来＝「夢」の否定による「今この瞬間」の大切さも訴えるのだ。『ラインを超えて』では、先述した過去回帰の非生産性を前提として「今この瞬間」の大切さが唄われる。

満員電車の中　くたびれた顔をして
夕刊フジを読みながら　老いぼれてくのはゴメンだ
生きられなかった時間や　生きられなかった場面や
生きられなかった場所とか　口に出せなかった言葉
あの時ああすればもっと　今より幸福だったのか？

あの時ああ言えばもっと　今より幸福だったのか？〈真島昌利作詞『ラインを越えて』〉

さらに、甲本は、眼前に広がる光景の不確かさに対する懸念を提起することによって、結局のところ「夢」よりも確実な「小さな幸せ」に辿り着く。

永遠なのか本当か　時の流れは続くのか
いつまで経っても変わらない　そんな物あるだろうか
見てきた物や聞いた事　いままで覚えた全部
でたらめだったら面白い　そんな気持ち分かるでしょう
……
なるべく小さな幸せと　なるべく小さな不幸せ
なるべくいっぱい集めよう　そんな気持ち分かるでしょう〈甲本ヒロト作詞『情熱の薔薇』〉

つまり、ブルーハーツにおいては、**図Ⅲ-1-a**で表せるような「夢」の機能が、「夢は蜻蛉」にすぎないという疑念を孕みながら、唱導されていたことになる。

ところで、幸福感を支える心理学的メカニズムを検討したロビンソンとライフ（Robinson & Ryff, 1999）によれば、我々の幸福感は、現実を直接反映しているというよりも、現実をうまく自分に都合よく「再構成」するかにかかっている。自分自身の否定的な部分からできるだけ目を背け、肯定的な部分にのみ注意を払うことによって、高い幸福感を維持できる。彼らは、大学生に過去、現在、および将来のそれぞれについて幸福感を評定させ、「将来」の評定値が「現在」や「過去」よりも高いことを見出した。これは、経験済みや経験中の事柄の心理的変容のしにくさと考えられる。

そこで、彼らは、若年者（平均一九・三歳）、中年者（四六・〇歳）、高齢者（七三・四歳）それぞれに、過去と将来の自分について思い浮かべるように教示した。「過去」と「将来」の時間範囲は被験者の年代にあわせて設定された（若年者：今まで、四〇―五〇歳代／中年者：二〇―二五歳代、六五―七〇歳代／高齢者：四〇―五〇歳代、一〇―一五年先）。被験者は、「現在」、「理想」、「過去」、「将来」それぞれの自分自身について幸福感に回答した。ロビンソンとライフは、「将来」の幸福感得点から「現在」の得点を引いた得点を「将来高揚得点」として三サンプルの比較をし、若年者、中年者、高齢者の順に得点が高い傾向を得た。つまり、若者は、未来の幸せを描く位置にある。

しかし、ブルーハーツが唱える「小さな幸せ」の集積は、曖昧だからこそ「未来の幸福感」が肥大するというロビンソンとライフの考えとは逆に、眼前の幸福への立ち止まりをもたらすのだ。

3. なすがままに

(1) 現状へのむかつき

若者は、何に対してむかついているのだろうか。大人社会全般に対する嫌悪や不信が「大人の顔」や「カルチャー」を対象に吐き出される。

疑問符背中に背負って
僕は毒づいてやるんだ
大人の顔してる人に
僕は毒づいてやるんだ
チューインガムをかみながら
わがままな子供のように
……
先生　三角定規じゃ

表Ⅲ－3－a　自国の社会問題の認知（内閣府政策統括官編，2004より）

日本		米国	
就職が難しく，失業も多い	**64.6%**	**人種によって差別がある**	**57.7%**
よい政治が行われていない	43.7%	**正しいことが通らない**	**56.8%**
学歴によって収入や仕事に格差がある	40.7%	**貧富の差がありすぎる**	**50.1%**
老人等に対する社会福祉が不十分	34.5%	風俗が乱れている	43.9%
環境破壊に対して，国民が無関心	31.7%	身分や家柄が重要視されすぎている	43.7%

18–24歳の男女；複数回答のうち上位5位の回答率

はかれないものがあります

〈真島昌利『チューインガムをかみながら』〉

カルチャーなんて信じない　誰かのデッチあげだろう
腰の一つも振れないで　踊らされるのはゴメンだ

〈真島昌利『THE ROLLING MAN』〉

さらに、ハイロウズに移行してもこのむかつきは怒りとして表出される。

政治家にもバカがいる
警察にもバカがいる
先生にもバカがいる
子供でも知ってるよ
……
銃をくれ　うつむいたヒマワリ
銃をくれ　はにかんだナデシコ

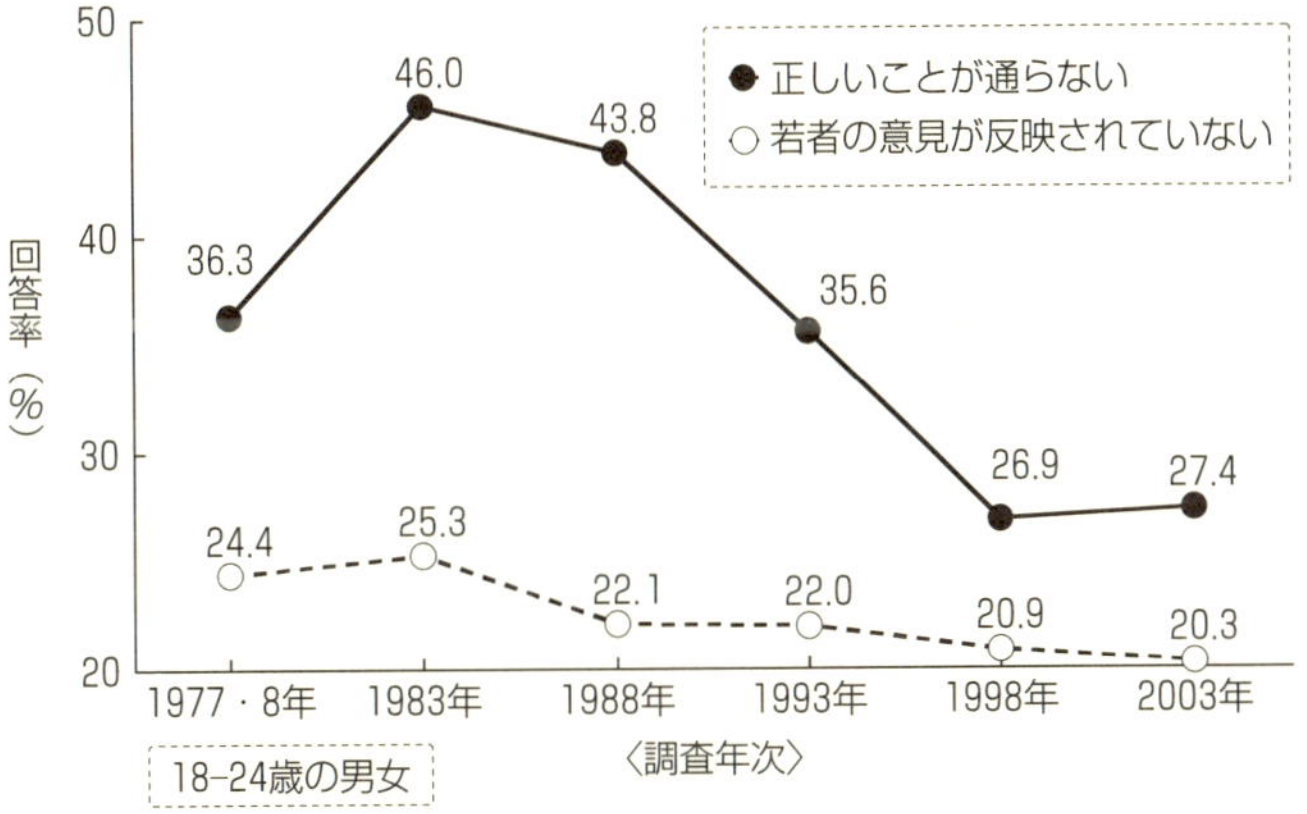

図Ⅲ－3－a　自国の社会問題の推移（内閣府政策統括官編，2004より）

〈真島昌利作詞『バカ（男の怒りをブチまけろ）』〉

表Ⅲ－3－aと**図Ⅲ－3－a**には、若者が何にむかついているのかを示唆する国際比較調査の結果が示してある（内閣府政策統括官編　二〇〇四）。自分の国の問題が何であるかに対する回答の上位五位を見ると、日本と米国の間の興味深い差異を認めることができる。米国の若者が問題視する項目は「人種差別」、「正義」や、「貧困」など社会全体に関わる問題である。ところが、わが国の若者は、「政治の貧困」を挙げるものの、他方で「就職難」や「学歴差別」に焦点をあてている。さらに、社会的正義という点での「憤り」の推移を示す**図Ⅲ－3－a**からは、八〇年代にはあったいわば「公的憤怒」が九〇年代には減衰する様を読みとることができる。怒りも自己中心化したのだ。

(2)　あきらめ気分

反復すると、ブルーハーツが依拠する「伝統的青年像」では「現状否定」は未来の創造を伴うことによって、ある種の躍動感を青年に与える。しかし、先述したように、「夢は蜻蛉」となる。さらに、ハイロウズへの移行が定着すると、「夢」自体を描くことが『ダセー』という評価をもたらす。

ダセーこの星で　ダセー会話して
ダセー人生が　ダサく続いてく
ダセー
オレはダサくなんかねえ　そう言ってみたいけど
みっともなさばかりが　ドボドボあふれ出す
ダセー〈真島昌利作詞『ダセー』〉

否定的な現状という「音速の壁」を前に、人生への諦め感情すら生じる。しかし、後述するが、この諦め感情は無条件の生の肯定という形でいわば逆説的な働きをすることとなることをここでは心に留めておこう。

ジョナサン　音速の壁に

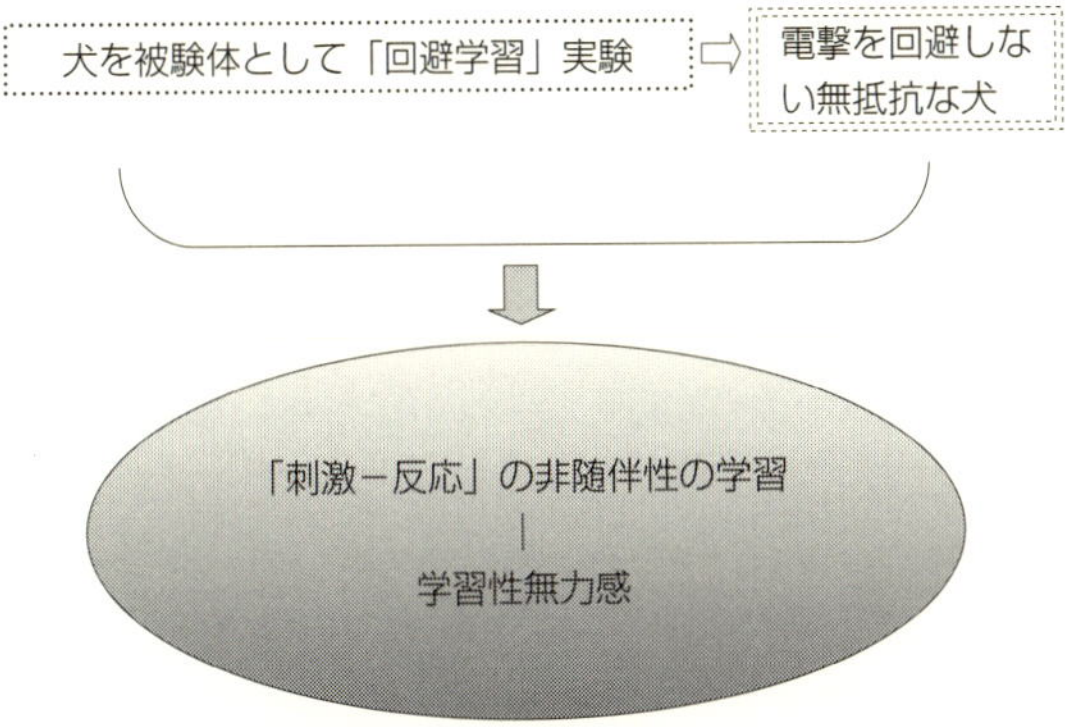

図Ⅲ－3－b　学習性無力感の発見（Peterson et al., 1993より）

ジョナサン　きりもみする
ホントそうだよな　どうでもいいよな
ホントそうだよな　どうなってもいいよな
……
ジョナサン　音速の壁に
ジョナサン　きりもみする
ジョナサン　人生のストーリーは
ジョナサン　一生じゃ足りないよ

〈甲本ヒロト作詞『十四才』〉

このような諦め感情は、セリグマンら（Peterson, Maier, & Seligman, 1993）によれば、実は一定の条件の下で学習されるのである。彼らは、犬を被験体として回避学習の実験に取り組む中で「学習性無力感（learned helplessness）」現象を発見する（図Ⅲ－3－b）。回避学習とは、「嫌悪刺激の接近を警告する信号を手がかりとして、嫌悪刺激の生起を未然に避けようとする行動の学習」を指す（小林編　一九九〇）。セリグマンらは、警告信号としてのライトが点灯しても回避することなく電撃をじっと受容する犬がいることに気づいたのだ。彼らは、この現象を刺激と反応が随伴していないことを犬が学習したためと理解した。

この「学習性無力感」は人間にも適用される。たとえば、アロイら（Alloy, Peterson, Abramson, & Seligman, 1984）は、大学生を被験者として次のような実験を行った。一週間前に質問紙を実施し、被験者は、全体的帰属スタイル群（出来事の原因を生活全般に影響をもつ要因に同定するタイプ）と特定的帰属スタイル群（特定の状況にのみあてはまる要因を考えるタイプ）に分割された。実験の第一セッションでは、騒音（九〇デシベルの白色ノイズ）の回避可能経験を操作した。「逃避可能」条件では、ボタンを押すことによって騒音から逃避でき、「逃避不可能」条件では、ボタンを押しても騒音は一定時間続く。「騒音なし」条件では、騒音に曝される経験はない。その後、ボタン押しではなく、ノブ操作により騒音が回避できる場面に被験者は、遭遇させられる。警告ライトが点灯してからノブを押すまでの時間を比較すると、回避不可能経験をした者（「逃避不可能」条件）が回避可能なノブ押しに躊躇していた。

次に、アロイらは、同様な先行経験をした被験者に、「アナグラム解き」（呈示された五文字を用いて単語をつくる）という性質の異なる課題を与えた。課題解決時間を条件別に比較すると、逃避不可能な騒音経験は、出来事の原因を生活全般に影響をもつ要因に同定するタイプの者つまり全体的帰属スタイル群にのみ影響を与えていた。つまり、「アナグラム解き」に困難が見られたのだ。

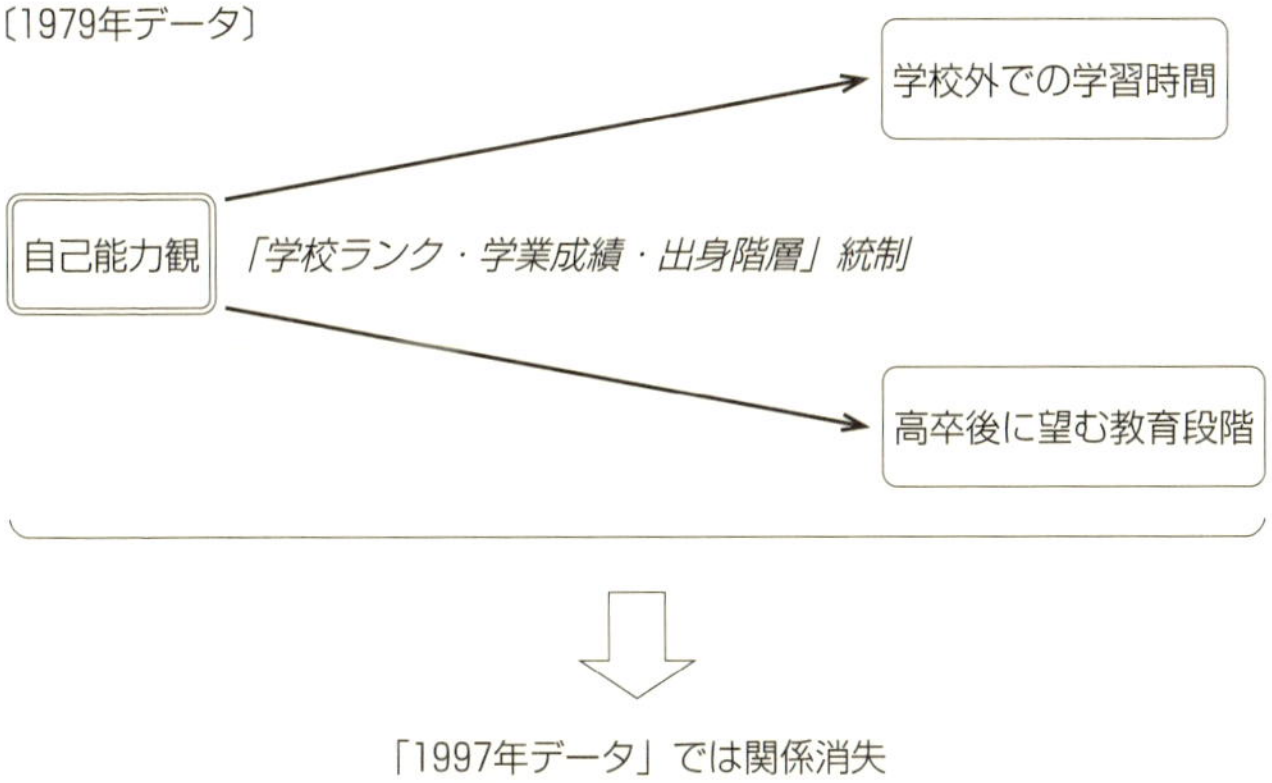

図Ⅲ－3－c　学校外学習時間や教育アスピレーションにおよぼす能力自己評価の影響（苅谷，2001より）

アロイらの実験は、若者に見出される諦め感情が先行経験の知覚の仕方（刺激と反応の非随伴性）によるものであり、いったん内在化すると直面する状況全般が諦め感情によって彩られることを示している。

第Ⅱ章では、第二次大戦後のわが国の教育が高校の皆学状態の実現に象徴される「外形的な成功」を収めたことを指摘した。ところで、苅谷（二〇〇一）は、七〇年代末と九〇年代末に実施した高校生を対象とした調査を比較しながら、このような「外形的な成功」の中で「教育における階層間格差の拡大」が惹起されていることを示した。たとえば、**図Ⅲ-3-c**に表したように、「自分には人よりすぐれたところがある」という感情（＝自己能力観）は、一九七九年次では「学校外での勉強時間」の増加や「より高い教育段階」に進みたいという願望に結びつくが、一九九七年次の段階ではそのような関連は消失する。さらに、両親の学歴や

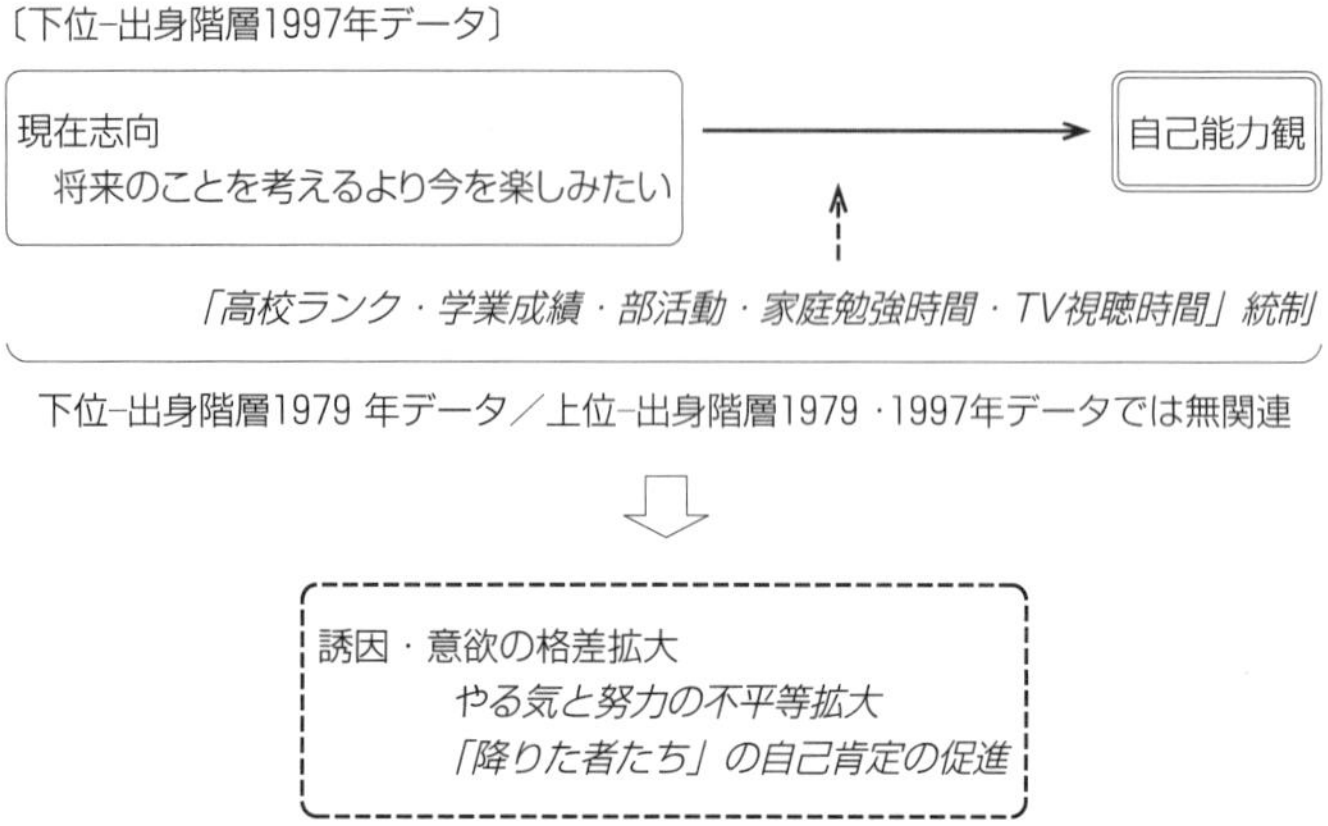

図Ⅲ‐3‐d　誘因・意欲の格差拡大を支える心理的メカニズム
（苅谷，2001より）

父親の職業上の地位に基づく指標を「出身階層」として、「将来のことを考えるよりも今を楽しみたい」という現在志向と自己能力観との関連を調べると、一九九七年次の「下位‐出身階層」でのみ正の関連が現れた（図Ⅲ‐3‐d）。これは、「今この瞬間」の享受が自尊心の高揚をもたらすことを意味する。つまり、苅谷は「降りた者たちを自己満足・自己肯定へと誘うメカニズムの作動」を発見したのだ。

苅谷の発見から、「高速の壁」に巻き込まれながら結局のところ「ダセー」という諦め感情が絶望とは必ずしもならず、むしろそれなりの意欲をもたらす可能性が導かれる。

(3)　楽観主義で行こう

今述べた諦め感情は、「今この瞬間」をそのまま享受するという志向性の顕現化によって、「伝統的

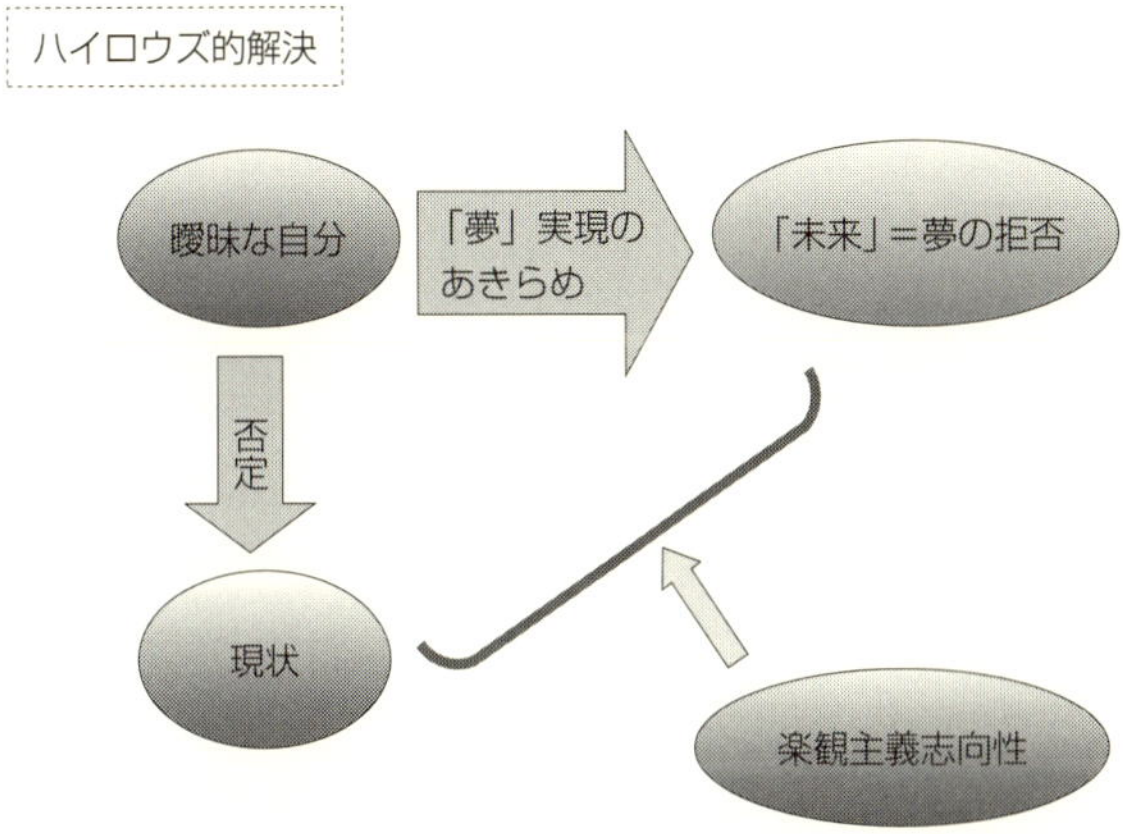

図Ⅲ－3－e　「夢」実現のあきらめ――ハイロウズ的解決――

青年像」で定立される「夢」を拒否するという「ハイロウズ的青年像」を成立させるのだ。この構図を図Ⅲ－3－eに描く。目の前の「シッパイ」を笑い飛ばし(『シッパイマン』)、目の前にあるものこそ最高だと、「今この瞬間」を享受する(『No.1』)。

シッパイマン　シッパイマン
どうするんだ　知らないぞ
シッパイマン　シッパイマン
取り返しがつかないぞ
あーあ〈甲本ヒロト作詞『シッパイマン』〉

ただの一度さえも悲しいことに
出会わない人などいないだろ
机に向かって　電車に乗って
とても平凡だとブツブツ言いながら
今までいくつかの悲しいことを

解決しながら乗り越えてきたから
今一つここで　はっきりとここで
確信を持って　大きな声で
今度のがNo. 1だろ
今度のがNo. 1だろ
……
人間らしくありたいだなんて
それは人間のセリフじゃないだろ
僕らしくなくても僕は僕なんだ
君らしくなくても君は君なんだ〈甲本ヒロト作詞『No. 1』〉

肝心なことは、「僕らしくなくても僕は僕」とすることによって、伝統的な心理学や臨床心理学による言説を真っ向から否定することである。セリグマン（1990）も楽観主義の効用を心理、身体、社会という三側面にわたって提唱する。ところで、「適応」に関する従来の心理学的考えでは、適応的な人は正確な現実検証に従事し、幻想を抱きやすい人は心理的に不健康であると考えられていた。しかし、テイラーとブラウン（Taylor & Brown, 1988）は、過度に肯定的な自己評価、事態を統制しているという過度な思い込みや、現実に基づかない楽観主義などの「肯定的な幻想」が適応に役立っていると主張した。情動の自己統制能力の重要性を提起し、「EQ」という概念で有名なゴールマン（Goleman, 1995）の考えも基本的にはテイラーらと同じだ。ゴールマンの基本的主張は以下の通りである。「満ち足りた気分で暮らすには、不快な感情をすべて避けることが大切なのではなく、不快な感情が嵐となって快の感情を吹きとばしてしまうことのないようコントロールすることが大切なのだ」。つまり、ゴールマンによれば、「後退や挫折があっても最後はうまくいくだろうという強い期待」である「楽観」は、人生をうまく扱っていくには重要な志向性なのだ。

　このような楽観主義的志向性は、ブルーハーツ時代からも現れている。「冗談みたいな世の中」と社会への気楽な対処を唱導し、「今日しか吹かない風」を受容することは「楽しい」ことなのだ。

七〇年なら一瞬の夢さ
七〇年なら一瞬の夢さ
やりたくねえ事　やってる暇はねえ
やりたくねえ事　やってる暇はねえ
冗談みたいな世の中だからさ
冗談みたいな世の中だからさ〈真島昌利作詞『ブルースをけとばせ』〉

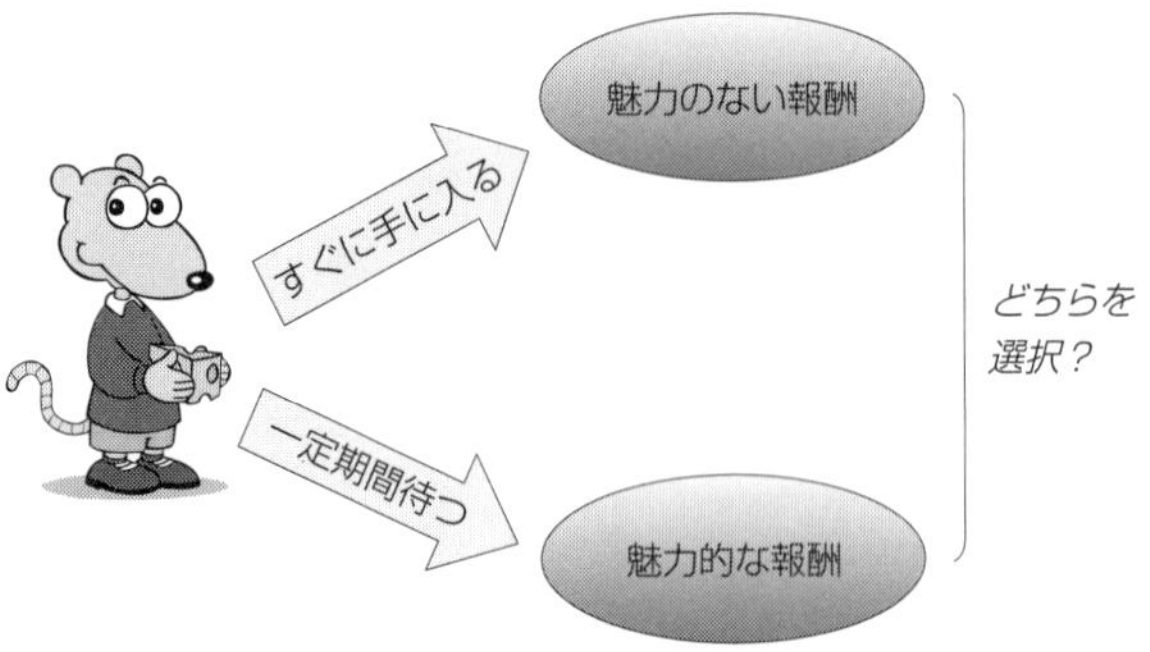

図Ⅲ−3−f　充足遅延の構図（Mischel, 1974より）

誰の上にも雨は降るけど
時々そしらぬ顔をして
チャンスも降ってくる
……
今日しか吹かない風に吹かれ
明日はどこへ行こうかな楽しいかな

〈真島昌利作詞『チャンス』〉

ところで、「今この瞬間」を享受する志向性は、どのようにして生まれるのだろうか。なぜ、「夢」の実現を待てないのか。これは、ミッシェル（Mischel, 1974）が言及する「充足遅延」能力の衰退によるところが大きいと思われる。「充足遅延」とは、現在よりもよりよい報酬を得るために、即時的充足を遅延させ、その遅延によって生じるフラストレーションに耐えることである（図Ⅲ−3−f）。そのような能力が培われていなければ、眼前の報酬の享受をするしかない。

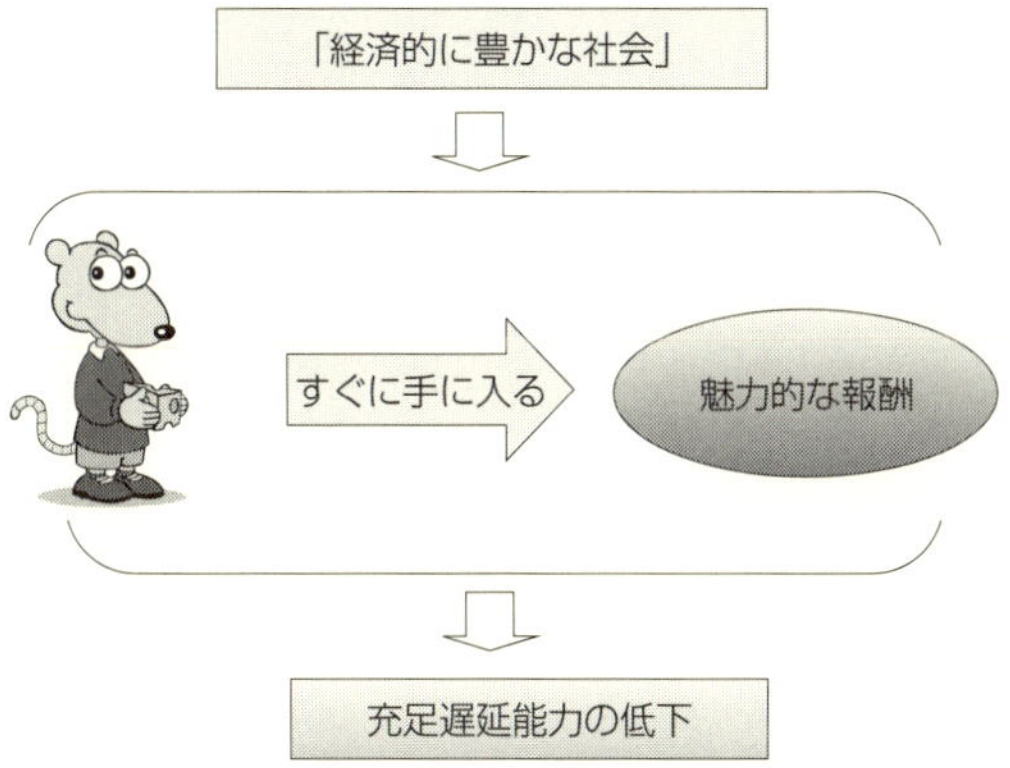

図Ⅲ－3－g　経済的豊かさは充足遅延能力を育まない

「充足遅延」は、待つことに伴うフラストレーションへの効果的な対処の仕方による。たとえば、ミッシェルら（Mischel, Ebbesen, & Zeiss, 1972）は、幼児を被験者（三年六カ月児—四年六カ月児）として次のような実験を行った。彼らは、まず幼児に「マシュマロ」と「プレッツェル」のどちらを食べたいかを尋ね、実験者はいったん退出するが「ベル」を鳴らせば戻ってくることを伝える。ただし、ベルを鳴らすと、被験者が選択したものは食べることができず、もう一つのものを食べることになることを告げる。「待つ」ときに、次の三通りの条件を設ける。①半数の被験者には部屋におもちゃをおく条件（行動的注意拡散条件）、②待つ間何か愉快なことを考えるように指示する条件（認知的な注意拡散条件）、③何も特別の指示もしないしおもちゃもおかない条件（注意拡散なし条件）。被験者がベルを鳴らすまでの時間を比較すると、認知的注意拡散条件、行動的注意拡散条件、注意拡散なし条件

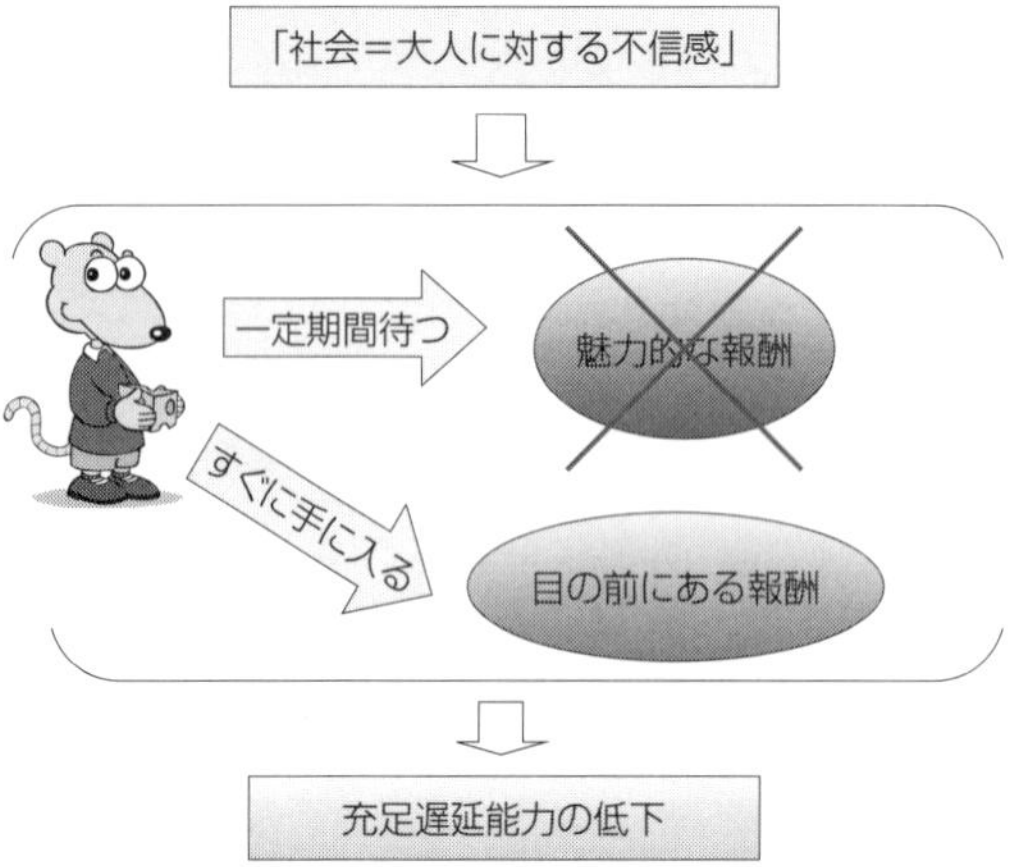

図Ⅲ－３－h　「社会＝大人に対する不信」は充足遅延能力を育まない

の順に待ち時間が長く、気晴らしによって充足遅延が実現することが示された。

　このミッシェルの充足遅延概念をわが国の状況にあてはめてみよう。まず図Ⅲ－３－gに表すように、第二次大戦後のわが国の経済的成長＝物質的に豊かな社会の実現は、そもそも充足遅延能力の低下をもたらす。というよりも、経済的な豊かさは、眼前に溢れる魅力的な報酬を我慢する必要を生じない。さらに、図Ⅲ－３－hを見てもらいたい。そもそもミッシェルが描いた「魅力的な報酬」を「待つ」ことは、自らがおかれている環境に対する信頼感を前提とする。努力や我慢の蓄積が今よりも魅力的な報酬につながるという確信があるからこそ「待つ」意味があるのだ。ところが、大人社会への不信感の高まりは、もともとミッシェルが描いた構図を打ち壊す。後々に魅力的な報酬＝「夢」が手に入るかを思案するよ

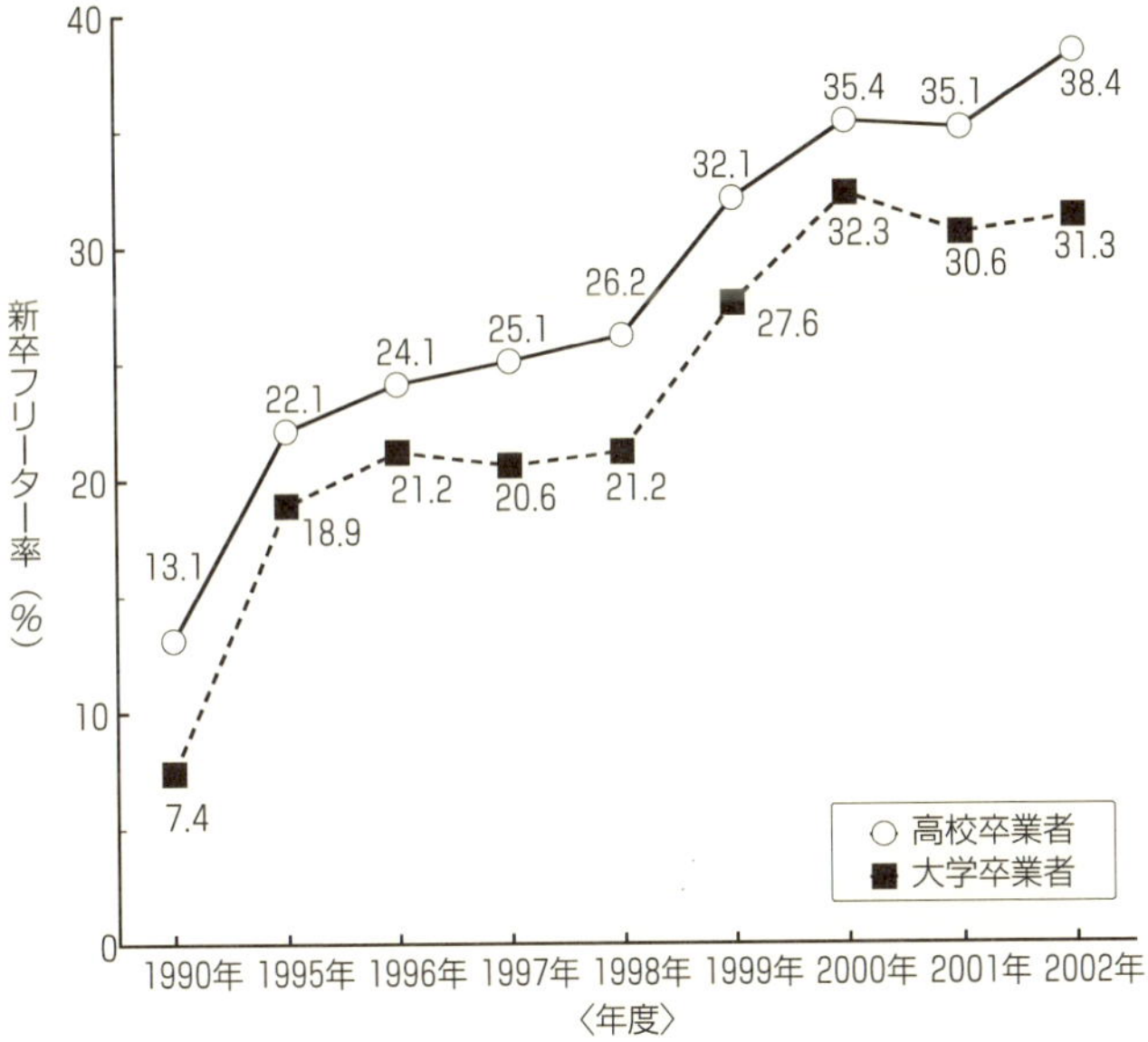

図Ⅲ-3-i　新卒フリーター率の推移（内閣府，2003より）

りも、眼前の報酬に迅速に接近することが重要なのだ。

図Ⅲ-3-gや図Ⅲ-3-hに描いた状況が重なり合うことによって、もはや「待つ」ことによる「夢」の実現は「ダセー」ことになる。ここに今やわが国が抱える教育・社会問題の一大テーマであるフリーター現象の拡大があるといえる。

図Ⅲ-3-iに示すように、二〇〇〇年前後から、高校や大学を卒業しても定職に就かない若者が急増した（内閣府編　二〇〇三）。

日本労働研究機構（二〇〇〇）は、専門学校による紹介や情報・アルバイト誌での募集によって、九七名のフリー

表Ⅲ－3－b　ヒアリングに基づくフリーターの類型化

（日本労働研究機構，2000より）

類　　型	内　　容	男–女
Ⅰ. モラトリアム型		
離学モラトリアム型	職業や将来に対する見通しをもたずに教育機関を中途・修了し，フリーターになる。	10–19
離職モラトリアム型	離職時に当初の見通しが不明確なままフリーターになる。	4–5
Ⅱ. 夢追求型		
芸能志向型	バンド・演劇・俳優など，芸能関係を志向してフリーターとなる。	5–11
職人・フリーランス志向型	ケーキ職人，バーテンダー，脚本家など，自分の技能・技術で身を立てる職業を志向してフリーターとなる。	2–9
Ⅲ. やむを得ず型		
正規雇用志向型	正規雇用を志向，特定の職業への参入機会待ちでフリーターになったり，正社員に近い派遣を選択する。	5–8
期間限定型	学費稼ぎや，次の入学時期・就職時期までという期間限定の見通しをもちフリーターとなる。	6–7
プライベート・トラブル型	本人・家族の病気，事業の倒産，異性関係トラブルが契機となりフリーターになる。	2–4

ヒアリング対象：18–31歳〈男34名，女63名〉

ターに聴き取り調査を実施した。フリーターになった「契機」や「当初の意識」に着目して，**表Ⅲ－3－b**に表す「フリーターの基本類型」が抽出された。「夢追求型」は「伝統的青年像」に合致するタイプである。「やむを得ず型」は後述する近年わが国で採られた雇用政策の転換によると見なすことができる。残りの「モラトリアム型」は，「今この瞬間」を享受するという「ハイロウズ的青年像」にあたるだろう。

ところで，このフリーター現象は，大学卒業者よりも高校卒

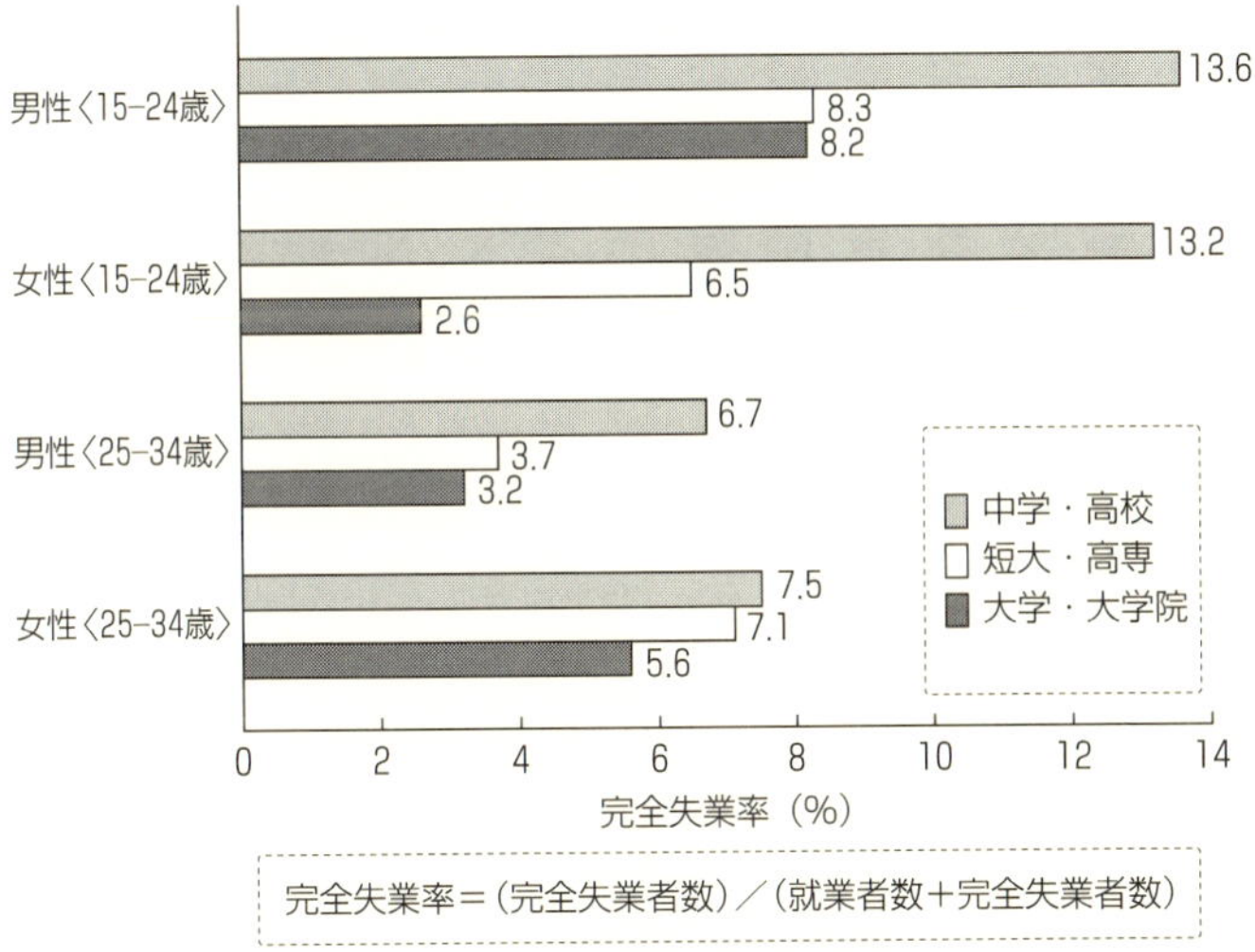

図Ⅲ－3－j　2001年における若年の完全失業率――学歴別――
（内閣府，2003より）

業者で深刻である。図Ⅲ-3-jには、二〇〇一年度の学歴別失業率を表した（小杉　二〇〇三）。男女ともに、二五歳以上の若者よりも、それ以下の若者でとりわけ中・高校卒業者が働くことを望みながら実現していない状況が顕著であることを読みとることができる。もしもフリーター現象の基底に「今この瞬間」を享受するという志向性があるならば、たとえば高校在学時にもはやフリーターを志向している若者は、「今この瞬間」を楽しむために独自の文化スタイル＝サブカルチャーを積極的に取り込むはずだ。サブカルチャーとは、「社会の主流を形成する文化」の下位に位置する「比較的顕著な文化」であり、「一定の自律性」が確保されている（伊奈　一九九九）。

表Ⅲ－3－c　高校生の進路希望別にみた逸脱行動（耳塚，2001より）

	就職	フリーター	専門・各種学校	短期大学・4年制大学
制服のスカートを短くしたり変形した制服を着る	46.5	**63.6**	46.8	36.6
耳以外にピアスをしている	5.6	6.8	5.6	2.3
夜中にコンビニやファミレスに出かける	45.3	**69.3**	44.7	34.9
目立つ髪型や色をしている	18.4	**36.7**	22.1	13.6
たばこを吸う	22.4	**30.5**	16.4	10.8
お酒を飲む	36.0	**51.2**	38.4	28.3

「とてもあてはまる」＋「まああてはまる」の合計比率（%）

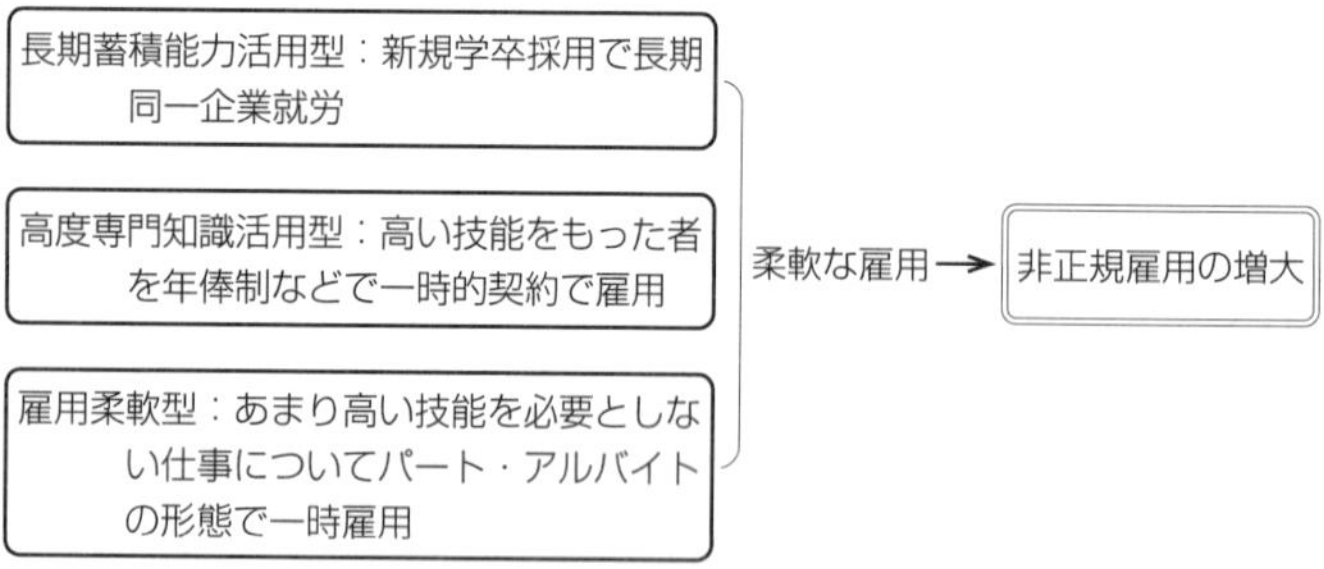
長期蓄積能力活用型：新規学卒採用で長期同一企業就労
高度専門知識活用型：高い技能をもった者を年俸制などで一時的契約で雇用
雇用柔軟型：あまり高い技能を必要としない仕事についてパート・アルバイトの形態で一時雇用
柔軟な雇用
非正規雇用の増大

図Ⅲ－3－k　1990年代中頃から現れる雇用形態の柔軟化
（小杉，2003より）

進路希望別に高校生の行動を調査した耳塚（二〇〇二）によれば（表Ⅲ－3－c）、フリーター志向をもつ高校生は他とは逸脱した行動を示している。これは、苅谷（二〇〇一）が提案する「降りた者たちを自己満足・自己肯定へと誘うメカニズムの作動」の一つとしてサブカルチャーの積極的取り込みがあると解釈できよう。

わが国では、八〇年代のバブル経済が崩壊し、「構造的不況」に向かう中で「雇用の柔軟化」が唱えられる。従来のわが国の雇用の基本形態であった生涯雇用すなわち「長期蓄積能力雇用」への固執よりも、パート労働などの柔軟な雇用の導入が奨励された（図Ⅲ－3－k）。当然のことながら、これは先述した「やむを得ず型」フリーターの一群を生み出すことになる。つまり、「夢追求型」や「モラトリアム型」に比べ、「やむを得ず型」の本質は、若者の心性の変容よりも社会経済的結果であるといえよう。フリーターという用語を創案した道下（二〇〇一）は、「自遊人」と区別して「確固たる意志」をもつフリーターを明確にするために、「エグゼクティブフリーター」という用語を新たに提案する。楽観主義を支えとする「ハイロウズ的青年」は、道下のいう「エグゼクティブフリーター」を必ずしも目指しているわけではないが、道下が言う「自分軸」の保持を重要視するのである。

いずれにせよ、レヴィン（1951）が特徴づけた「時間的展望」を放棄することによって「ハイロウズ的青年像」が構成されることを確認しよう。

〔引用文献〕

Alloy, L. B., Peterson, C., Abramson, L. Y., & Seligman, M. E. P. 1984 Attributional style and the generality of learned helplessness. *Journal of Personality and Social Psychology*, **46**, 681–687.

Davis, F. 1979 *Yearning for yesterday : A sociology of nostalgia*. The Free Press 間場寿一・荻野美穂・細辻恵子訳『ノスタルジアの社会学』一九九〇 世界思想社

Freud, S. 1917 *Vorlesungen zur Einfuhrüng in die Psychoanalyse*. 懸田克躬訳『精神分析学入門II』二〇〇一 中公クラシックス

Goleman, D. 1995 *Emotional intelligence : Why it can matter more than IQ*. Brockman, Inc. 土屋京子訳『EQ——こころの知能指数——』一九九六 講談社

伊奈正人 一九九九『サブカルチャーの社会学』世界思想社

苅谷剛彦 二〇〇一『階層化日本と教育危機——不平等再生産から意欲格差社会へ——』有信堂

小林利宣編 一九九〇『教育臨床心理学中辞典』北大路書房

小杉礼子 二〇〇三『フリーターという生き方』勁草書房

Lewin, K. 1951 *Field theory in social science*. Harper & Brothers. 猪股佐登留訳『社会科学における場の理論』一九五六 誠信書房

Loftus, E. 1997 Creating false memories. 仲真紀子訳　偽りの記憶をつくる――あなたの思い出は本物か――日経サイエンス　一九九七年一二月号　一八―二五頁

道下裕史　二〇〇一『エグゼクティブフリーター――現実をおそれない自分らしい生き方――』ワニブックス

耳塚寛明　二〇〇一　高卒無業者層の漸増　矢島正見・耳塚寛明編著『変わる若者と職業世界――トランジッションの社会学――』学文社　八九―一〇四頁

Mischel, W. 1974 Processes in delay of gratification. *Advances in Experimental Social Psychology*, **7**, 249–292.

Mischel, W., Ebbesen, E. B., and Zeiss, A. R. 1972 Cognitive and attentional mechanisms in delay of gratification. *Journal of Personality and Social Psychology*, **21**, 204–218.

内閣府編　二〇〇三『平成一五版　国民生活白書　デフレと生活――若年フリーターの現在――』ぎょうせい

内閣府政策統括官（共生社会政策担当）編　二〇〇四『世界の青年との比較からみた日本の青年――第七回世界青年意識調査報告書――』国立印刷局

日本労働研究機構　二〇〇〇『フリーターの意識と実態――九七人へのヒアリング結果より――』調査研究報告書　一三六　日本労働研究機構

Peterson, C., Maier, S., & Seligman, M. 1993 *Learned helplessness: A theory for the age of personal control.* Oxford University Press. 津田　彰監訳『学習性無力感――パーソナル・コントロールの時代をひらく理論――』二〇〇〇　二瓶社

Robinson, M. D., & Ryff, C. D. 1999 The role of self-deception in perceptions of past, present, and future happiness. *Personality and Social Psychology Bulletin,* **5**, 595-606.

Seligman, M. E. P. 1990 *Learned optimism.* Arthur Pine Associates Inc. 山村宜子訳『オプティミストはなぜ成功するか』一九九四　講談社文庫

高橋雅延　一九九七　偽りの性的虐待の記憶をめぐって　聖心女子大学論叢　**八九**　九一―一一四頁

Taylor, S. E., & Brown, J. D. 1988 Illusion and well-being: A social psychological perspective on mental health. *Psychological Bulletin,* **103**, 193-210.

与那原　恵　一九九八　心理学に群がる人たち　中央公論　平成一〇年三月号　二六二―二七一頁

Woititz J. G. 1983 *Adult children of alcoholics: Expanded edition.* Health Communication, Inc. 斎藤　学監訳『アダルト・チルドレン――アルコール問題家族で育った子供たち――』一九九七　金剛出版

〔音源〕

未来は僕等の手の中（作詞・作曲／真島昌利）　THE BLUE HEARTS 1987
うそつき（作詩・作曲／真島昌利）　STICK OUT 1993
少年の詩（作詞・作曲／甲本ヒロト）　THE BLUE HEARTS 1987
青春（作詩・作曲／真島昌利）　Relaxin’ WITH THE HIGH-LOWS 2000
スーパーソニックジェットボーイ（作詩・作曲／真島昌利）　THE HIGH-LOWS 1995
相談天国（作詩・作曲／真島昌利）　タイガーモービル 1996
夢（作詩・作曲／真島昌利）　STICK OUT 1993
僕の右手（作詩・作曲／甲本ヒロト）　TRAIN-TRAIN 1988
夏の地図（作詩・作曲／甲本ヒロト）　ロブスター 1998
ラインを越えて（作詩・作曲／真島昌利）　YOUNG AND PRETTY 1987
情熱の薔薇（作詩・作曲／甲本ヒロト）　BUST WASTE HIP 1990
チューインガムをかみながら（作詩・作曲／真島昌利）　YOUNG AND PRETTY 1987
THE ROLLING MAN（作詩・作曲／真島昌利）　HIGH KICKS 1991
バカ（男の怒りをブチまけろ）（作詩・作曲／真島昌利）　Relaxin’ WITH THE HIGH-LOWS 2000
ダセー（作詩・作曲／真島昌利）　バームクーヘン 1999

十四才（作詞・作曲／甲本ヒロト） HOTEL TIKI-POTO 2001

シッパイマン（作詞・作曲／甲本ヒロト） HOTEL TIKI-POTO 2001

No.1（作詞・作曲／甲本ヒロト） Relaxin' WITH THE HIGH-LOWS 2000

ブルースをけとばせ（作詞・作曲／真島昌利） TRAIN-TRAIN 1988

チャンス（作詞・作曲／真島昌利） DUG OUT 1993

＊＊＊＊＊

Echo & The Bunnymen *ECHO & THE BUNNYMEN* 32XD-805

第Ⅳ章

仲間から隔絶する自分

1．仲間関係の神秘

「伝統的青年像」に従うと、青年期は、それまでの親との関係から友だちとの関係へと対人関係の中心が移行する時期といえる。青年期の親子関係は、「一方向的な権威の型」から「相互性の型」に向けた親子間の新たな相互作用によって、成人期にかけて変容する（久世・平石　一九九二）。それと並行して、友だちとの関係性が生活の中心となる。

人間の生涯の各段階における発達課題を系統的に提起したハヴィガースト（Havighurst, 1953）は、青年期での仲間集団の形成の重要性を指摘し、①同年齢の男女との洗練された交際の学習と②自己の性別に応じた社会的役割の学習を発達課題として挙げた。①の点では、青年期が同性の仲間との社交的活動や社交的経験に心を奪われるいわゆる「徒党時代」ともいえ、異性への関心の高まりも特徴的である。②については、青年期には自分が組み込まれている社会の規範に応じた男女それぞれの役割や考え方を学習し、受容することになる。松井（一九九〇）は、友だち関係が「社会化」の上で次の三つの重要な役割をもつことを指摘した。①安定化の機能〈緊張を解消し、不安を和らげる〉、②社会的技能の学習機能〈他者一般に対する相互作用の技術の学習機会の提供〉、③モデル機能〈対等でありながら異質な存在として、新しい世界を理解するための手本〉。

この伝統的青年心理学で強調される青年期の仲間関係の重要性の意識は、まずは「同じ涙」と「同じこぶし」という言葉によって表出される。

アスファルトだけじゃない　コンクリートだけじゃない
いつか会えるよ　同じ涙をこらえきれぬ友達と
きっと会えるよ
……
見せかけばかりじゃない　口先だけでもない
いつか見るだろう　同じこぶしをにぎりしめて立つ人を
きっと見るだろう〈甲本ヒロト作詞『街』〉

しかし、「街」に見られる友だちとの間の共有感情は、『夜の盗賊団』では「夜」と連結されるのだ。
これらは図Ⅳ-1-aの上部の形で表現できる。

とりたての免許で　僕等は笑ってる
夜の盗賊団　たくさん秘密を分け合おう〈真島昌利作詞『夜の盗賊団』〉

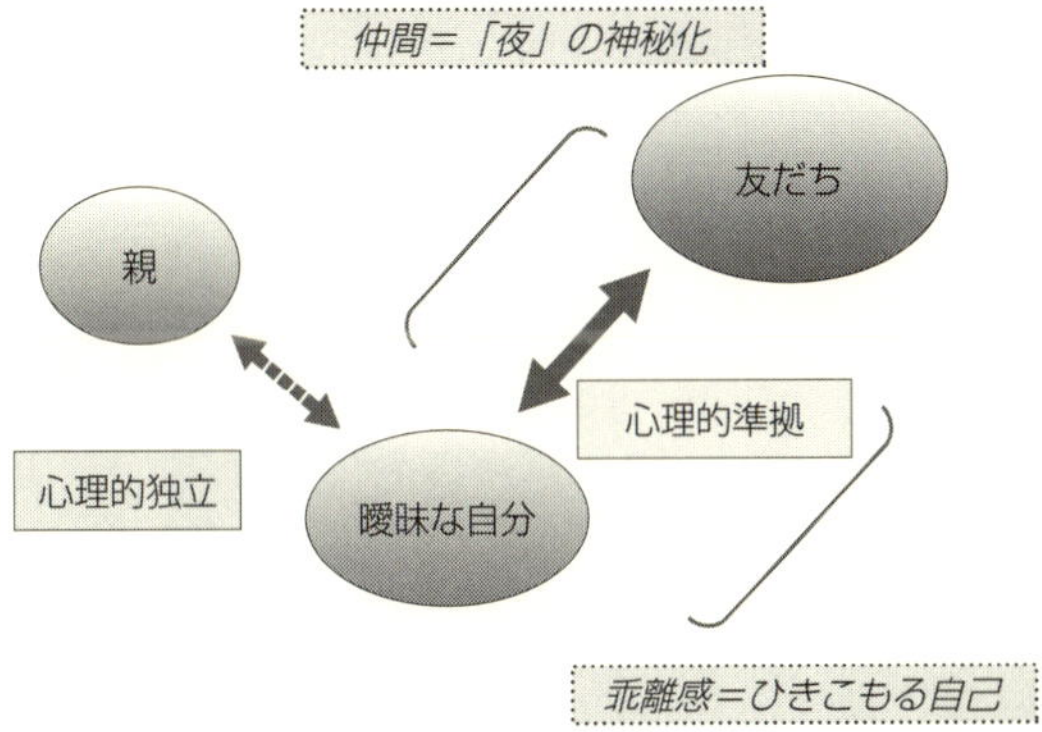

図Ⅳ－1－a　「仲間」の心理学的意義と「仲間」からの隔絶

　このように夜の神秘性を背景として仲間との間に共感関係を確立するという構図は、「大人＝昼間」と「青年＝夜」を重ね合わせることによって単純に理解できる。大人が寝静まった「夜」の世界は、青年にとって自由に何でもできるという「解放感」をもたらす世界なのだ。しかしながら、ブルーハーツは、伝統青年心理学が強調する仲間関係信奉に単純には媚びいることはしない。つまり、**図Ⅳ－1－a**の下部に付したような仲間からの「乖離感」も唄いあげるのだ。

2．隔絶する自分の発見

　二〇〇四年に芥川賞を受賞した『蹴りたい背中』の一節である。

　　絹代のグループの他の子たちも、興味津々の顔をして寄ってくる。この人たちは何かと私を囲んで話をしようとする。きっと絹代や彼らの〝良心〟からだろう。でも彼らには薄い膜が張られている。笑顔や絡まる視線などでちょっとずつ張られていく膜だ。膜は薄くて透けているのにゴム製で、私が恐る恐る手を伸ばすと、やさしい弾力で押し返す。多分無意識のうちに、そしてそんなふうに押し返された後の方が、私は誰ともしゃべらなかった時よりもより完璧に独りになる。（綿矢　二〇〇三）

これは、クラスの仲間に溶け込むことができない高校一年生の主人公の物語である。同時に受賞した『蛇にピアス』（金原　二〇〇四）のような奇抜さ（「スプリットタン」）がちりばめられているわけではなく、何となくまわりに乖離感を抱く高校生の日常の心の動きが描かれているだけである。綿矢の小説の主題は、仲間からの「乖離感」なのだ（図Ⅳ－1－aの下部）。この感覚は、『パーティー』の主題と一致する。まわりの仲間はあたかも「暗号文」でコミュニケーションを営んでいるかに見えるのに、自分には仲間との真実の心の通い合いがないことが「ひとりごと」という結果として確認される。

僕のＳＯＳが君に届かない
交差点は今スクランブルの
暗号文で埋め尽くされた
‥

本当は大きな声で聞いて欲しいのに
溜め息だとか舌打ちだとか
ひとりごとの中に隠してる〈甲本ヒロト作詞『パーティー』〉

要するに、まわりに存在する仲間は、自分にとって『期待はずれの人』なのだ。

君が僕を握って「飛べ」と叫んで
放り投げると飛ばない
うなずいているけど
聞いているふりだけ
期待はずれの人
期待はずれの人〈甲本ヒロト作詞『期待はずれの人』〉

図Ⅳ－2－aには、ややデータは古いが中・高校生の「親友数」の推移が示してある〈NHK放送文化研究所世論調査部編　一九九五〉。中・高校生ともに、八〇年代から九〇年代にかけて親友が「一〇人以上」いると報告した者の割合が増加していることを読みとることができる。単純に考えれば、ハヴィガーストが定義する課題に活発に取り組まれるようになったといえる。しかし、これは、第Ⅱ章で見

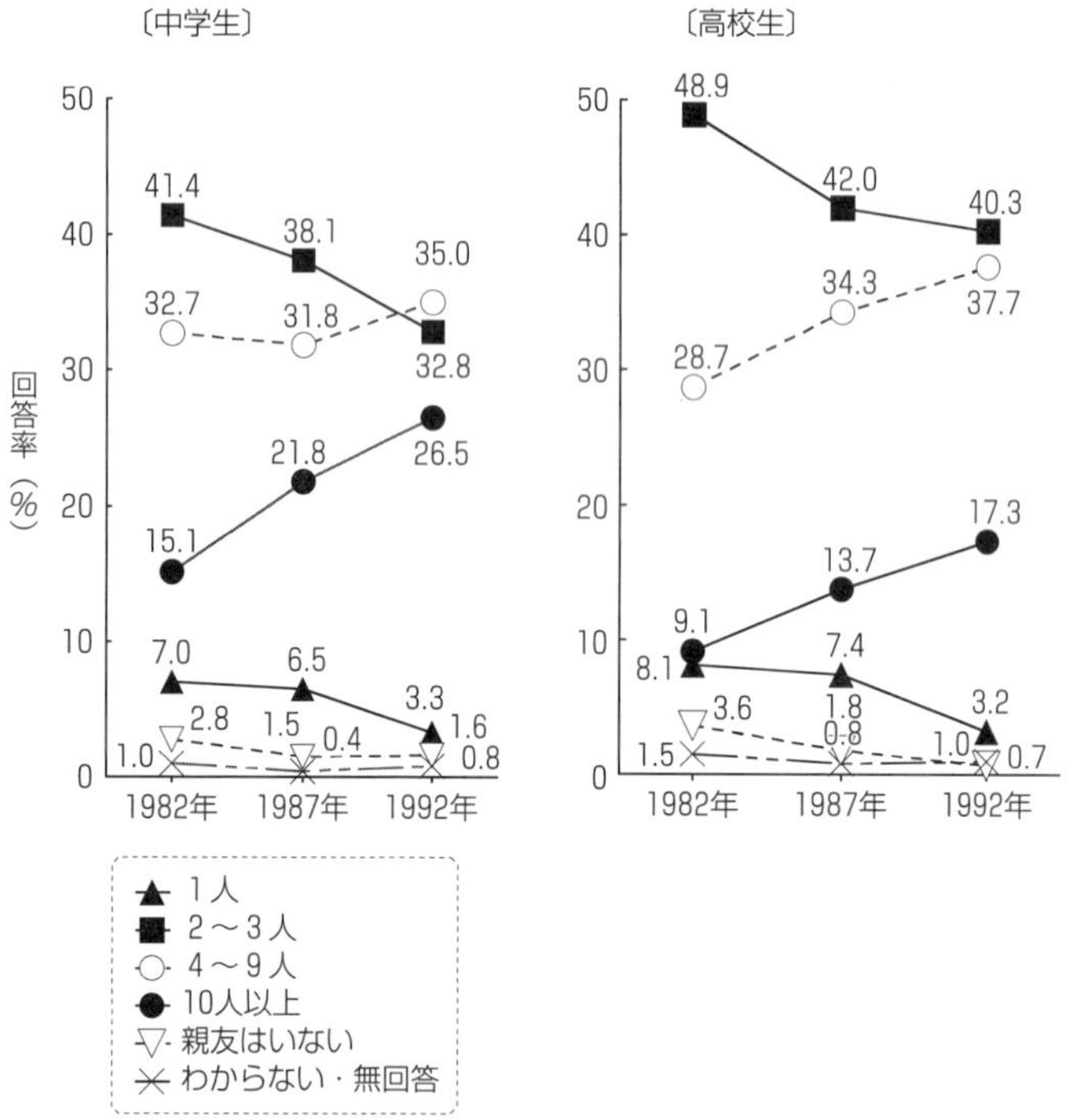

図Ⅳ−2−a　親友数の推移（NHK 放送文化研究所世論調査部編，1995より）

た高校の皆学化と同様の解釈をすべきである。この時期は、「不登校」や「いじめ」など中・高校生の同輩関係における不全が顕現化しているのだ。

まず、仲間との「乖離感」を孤独感と置き換えて考察しよう。孤独感とは、図Ⅳ−2−bに示すように、対人関係についての願望水準（望んでいる状態）と達成水準（現に営んでいる状態）とのくいちがいの認知によって生起する日常的な情動体験である（諸井 一九九五）。つまり、その人が現在営んでいる対人関係の状態

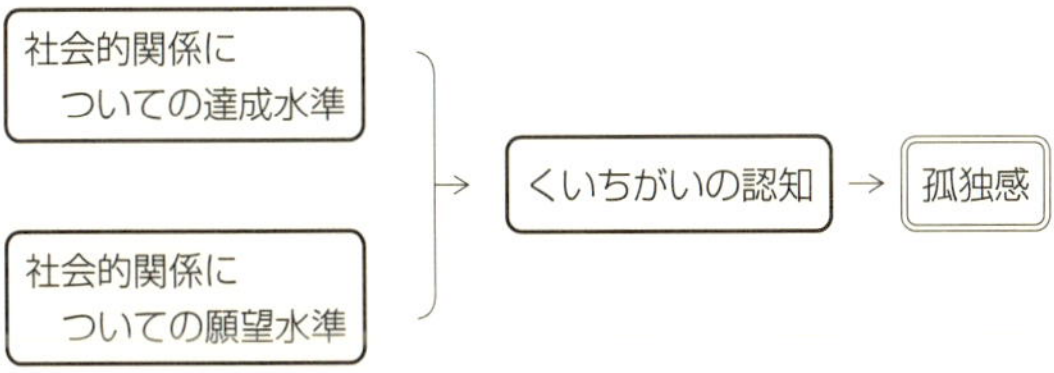

図Ⅳ－2－b　認知的くいちがいモデル（諸井，1995より）

が、その人が望んでいる状態を下まわるほど、孤独感が強くなる。また、その人の対人関係が客観的には希薄なものであっても、その人が対人的接触を望んでいなければ、孤独感は生じない。孤独感は、社会的相互作用に関する達成水準が低い状態を意味する社会的孤立と区別すべきなのだ。したがって、認知的くいちがいモデルに従えば（図Ⅳ－2－b）、「一〇人以上」いる若者の増加が賞賛すべき傾向とは単純に決していえない。

実は、仲間との「乖離感」を抱くことは、仲間関係の放棄につながることはない。「ひとりぼっちがこわい」のだ。「乖離感」と「一人ぼっち」の回避の狭間で若者は彷徨うことになる。

仮面をつけて生きるのは　息苦しくてしょうがない
どこでもいつでも誰とでも　笑顔でなんかいられない
……
過ぎていく時間の中で　ピーターパンにもなれずに
一人ぼっちがこわいから　ハンパに成長してきた
なんだかとても苦しいよ　一人ぼっちでもかまわない

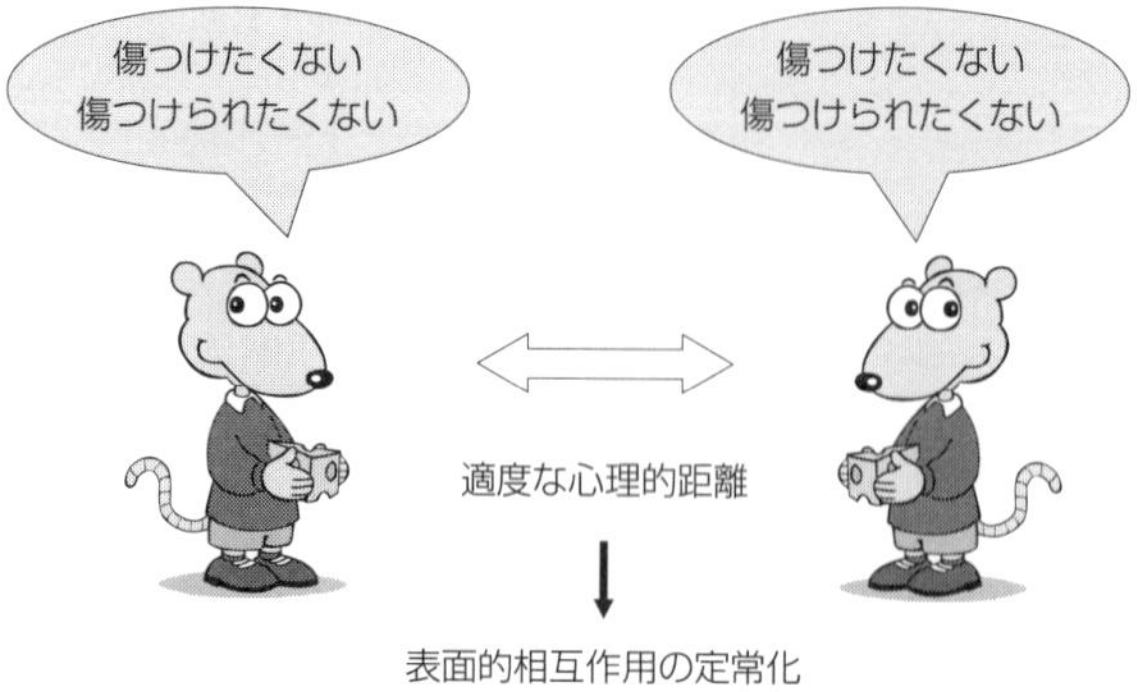

図Ⅳ−2−c　山アラシのジレンマ（Bellak, 1970より）

キリストを殺したものは　そんな僕の罪のせいだ
〈真島昌利作詞『チェインギャング』〉

ベラック（Bellak, 1970）は、「山アラシ」を素材として、このような状況を描いた。「山アラシ」は自分の棘で相手が傷つくことを懸念すると同時に相手の棘で自分が傷つくことも恐れる。結果として、適度な互いの距離を保つ努力が必要となる。ベラックは、これを現代人の対人関係の特徴に適用し、「山アラシのジレンマ」と呼んだ（図Ⅳ−2−c）。相手によって自分の心を「傷つけられたくない」、自分も相手の心を「傷つけたくない」という形で結局、自分と相手との間の心理的距離の適度な調節を気にすることになる。つまり、親密化は傷づきをもたらすし、「つきあい」をしないことは「一人ぼっち」の危険をもたらすのだ。

ところで、対人関係の親密化過程を検討した山中（一九九六）によれば、親密化を時間的過程に沿って捉えると「段階

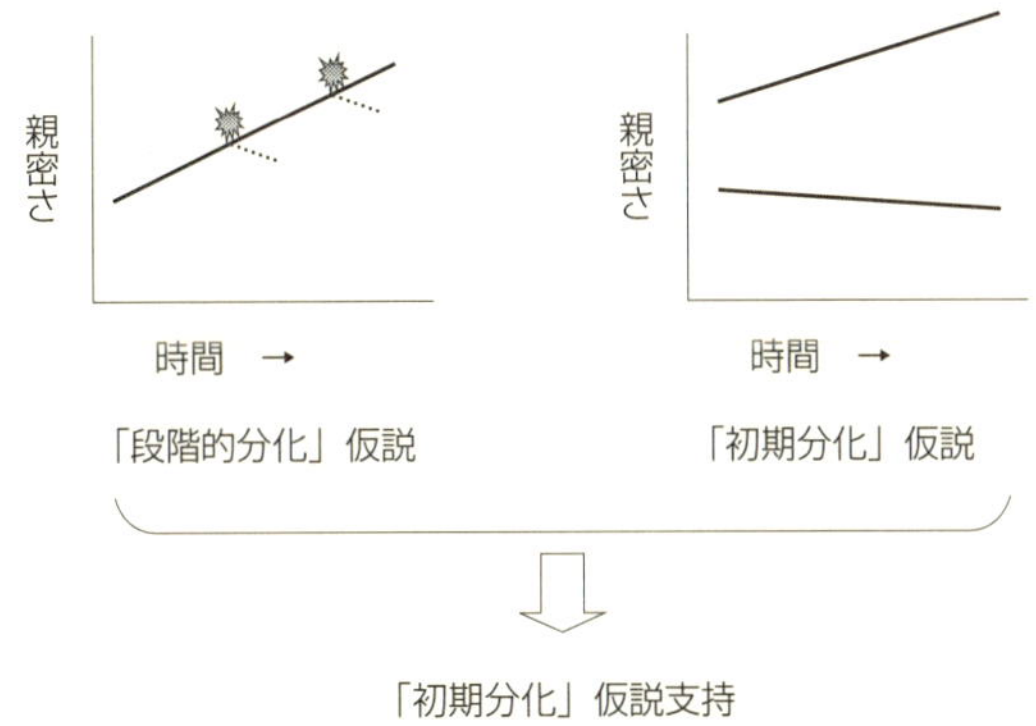

図Ⅳ-2-d　「段階的分化」仮説と「初期分化」仮説（山中，1996より）

的分化〈親密な関係とそうでない関係は時間的経過とともに漸次的に分かれる〉」と「初期分化〈出会いのきわめて初期に後に親密になるかどうかが決まる〉」の二つの考えがありえる（図Ⅳ-2-d）。山中は、大学入学後の友だち関係の進展を調べ、入学直後の一・二週間の交友形成が決定的であることを見いだした。つまり、「初期分化説」が支持され、出会いの初期に入手された互いのデータが重視されるのである。実は、このことは、ベラックの「山アラシのジレンマ」のように関係を表面的な状態に維持することによって可能なのだ。

レヴィンガー（Levinger, 1974）は、二者の関係進展に関する基本的図式を提起している（図Ⅳ-2-e）。当然二人の関係には何の接触もない段階があり（水準0）、その後、何らかの場面で少なくとも一方が他方の存在を認め、相互作用がなくても相手に対する一方向的な態度・印象が生じる（水準1）。若干の相互作用によって相手に対する何らかの態度が生じる段階へと次に進み（水準2）、二者の間に交わ

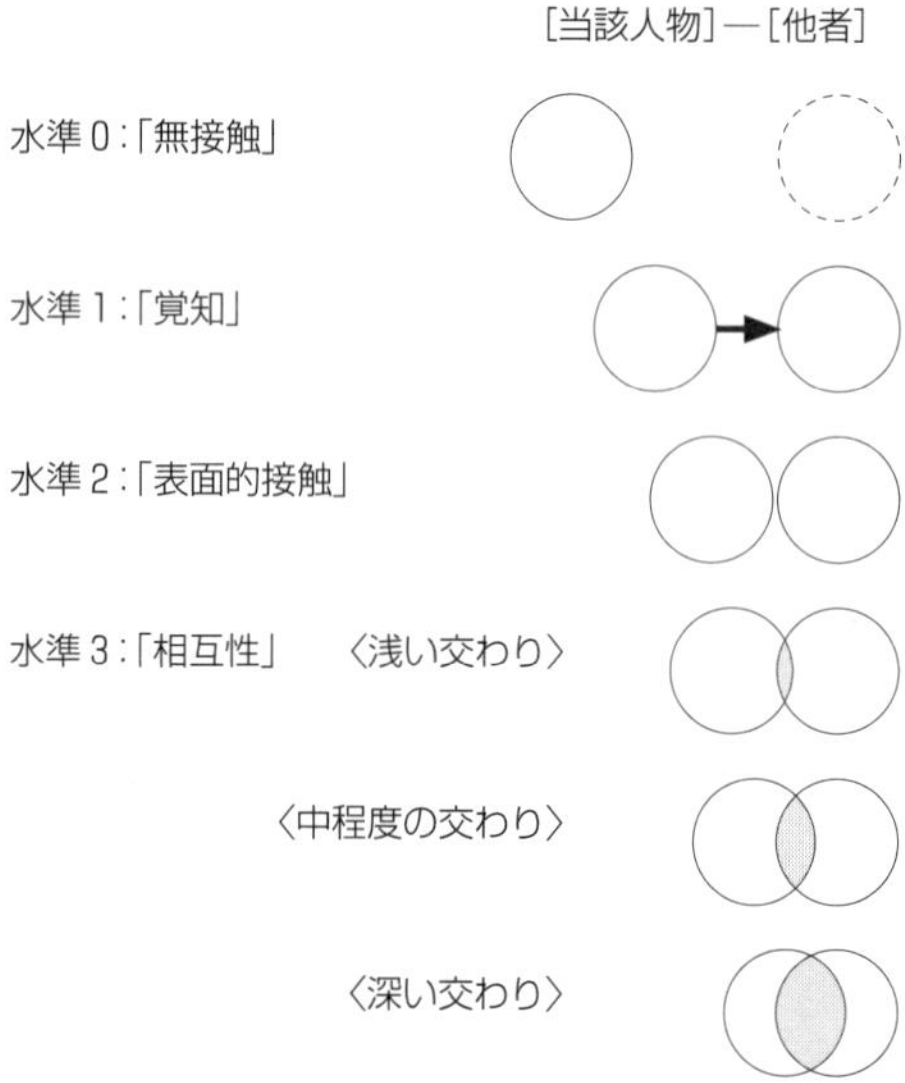

図Ⅳ－2－e　二者関係の水準（Levinger, 1974より）

されるコミュニケーションの頻度や内容によって、二人の関係は親密になる（水準3）。レヴィンガーのモデルによれば、関係の親密化にとって「自己開示」が重要となる。ジュラード（Jourard, 1971）は、臨床実践の中から人々の心理学的健康にとって自己開示が鍵となることを見出し、自己開示を「自分自身をあらわにする行為であり、他人たちが知覚しうるように自身を示す行為」と定義した。双方の自己開示の繰り返しによって、相互理解が促進され、結局は親密な絆が生じるのだ。

「山アラシのジレンマ」のように、「自己開示」を抑制することによる適度の心理的距離の維持は、関係自体の継続はもたらすが、実は真の心のふれあいは実現しないことになる。いわば図Ⅳ-2-eでレヴィンガーが示した道筋とは逆の力が働くのだ。

ところで、この「乖離感」の行き着くところは、自分の中への「閉じこもり」だ。心の中にはだれもいれず、「薄い月明かり」を手掛かりに未来へと彷徨する「爆撃機」の操縦桿を握っている状態である。

ここから一歩も通さない
理屈も法律も通さない
誰の声も届かない
友達も恋人も入れない
手掛かりになるのは薄い月明かり〈甲本ヒロト作詞『月の爆撃機』〉

中野（一九九一）は、七〇年代半ば、数人で喫茶店に入り「マンガ雑誌をおのおのが手にとり」「読みふける」光景を観察し「カプセル人間」と名づけた。「集まっているけれど」「バラバラで好きなことを」やり、「面と向かったコミュニケーションも少なく」「一緒の空間にいるけれど、直接接触はしない」。中野は、『月の爆撃機』で表現された心性と一致して、わが国の若者が自己愛化方向に進むことを「カプセル人間」として表現したのだ。先述した金原（二〇〇四）の小説で描かれる「スプリットタン」という極端な「身体改造」は、身体を変形させることによる自己確認であり、「カプセル人間」の一つの結果と解釈できるだろう。

3．中心化する自分

ラッシュ（Lasch, 1979）は、「うわべは楽観主義的だが、実は、心からの絶望とあきらめを発している」「個人的成長のイデオロギー」に陥っている米国社会の描写を試みた。彼の枠組みに従えば、社会生活のさまざまな次元で自己愛化が起きる。つまり、仲間からの「乖離感」が辿り着く先も、まさに「自分」だ。ハイロウズ時代になると、いわば自分中心主義が高らかに宣言されることになる。真島が「最強無敵」の「俺軍」を唄えば、甲本も「第一希望」を貫く「世界の主人公」と叫ぶ。

> 俺は俺軍の大将　俺は俺軍の兵隊
> 俺は一人でも軍隊　最強無敵だ
> 家来も子分も　ボスも上官も
> 俺は俺軍だ　笑いが出ちゃうよ〈真島昌利作詞『俺軍、暁の出撃』〉

自分が自分の世界の主人公になりたかった

子供の頃から憧れてたものに
なれなかったんなら　大人のフリすんな
第一希望しか見えないぜ　不死身のエレキマン〈甲本ヒロト作詞『不死身のエレキマン』〉

要するに、自分の生涯の決定権が自らにあることが「時間はすべて俺のもの」として断定されるのだ。

生まれて死ぬまで　時間はすべて俺のもの
意志持ち　輝き　一人で全部だ
一〇〇年たったら　ウンコも残らない　ニューヨーク〈真島昌利作詞『ニューヨーク』〉

このハイロウズの自分中心主義的志向の確信は、初期ブルーハーツの自己主張性と対比して理解すべきである。『ダンスナンバー』や『ロクデナシ』で表出されるのは、実は「自分」ではない。第Ⅱ章で述べた通常の教育ラインからはみ出した（実際にせよ、心理的にせよ）若者たちによる「自己存在」の確信なのだ。その意味で、ハイロウズの自分中心主義は、かつての仲間との連結が切断されたものといえよう。

カッコ悪くたっていいよ

そんな事問題じゃない
君の事笑う奴は
トーフにぶつかって　死んじまえ〈真島昌利作詞『ダンスナンバー』〉

全てのボクのようなロクデナシのために
この星はグルグルと回る
劣等生でじゅうぶんだ　はみだし者でかまわない〈真島昌利作詞『ロクデナシ』〉

では、なぜ仲間からの「乖離感」が自分中心主義へと転変するのだろうか。この基底には、八〇年代初頭から始まる「心の大切さ」感覚の蔓延があると思われる。**図Ⅳ−3−a**から分かるように、わが国が経済的成長の頂点に向かう中で、人々は生活の中での「心の大切さ」を抱くようになる（内閣府大臣官房政府広報室編　二〇〇三）。しかし、これは同時に人々の中に他者の身勝手さを実感させることになる。**図Ⅳ−3−b**は、八〇年代に入って急激にその実感が蔓延することを示している（内閣府大臣官房政府広報室編　二〇〇四）。さらに、**図Ⅳ−3−c**に表す中・高校生の調査を見ると、「自分勝手」という自己認知もこの年代に増加していることが読みとれる（ＮＨＫ放送文化研究所編　二〇〇三）。

眼前の仲間という明確な物理的存在からの乖離は、存在としては不明確ではあるが自分自身だけは截然と意識できる「心」に向かう。つまり、経済的豊かさに対置される「心の大切さ」感覚が「心」

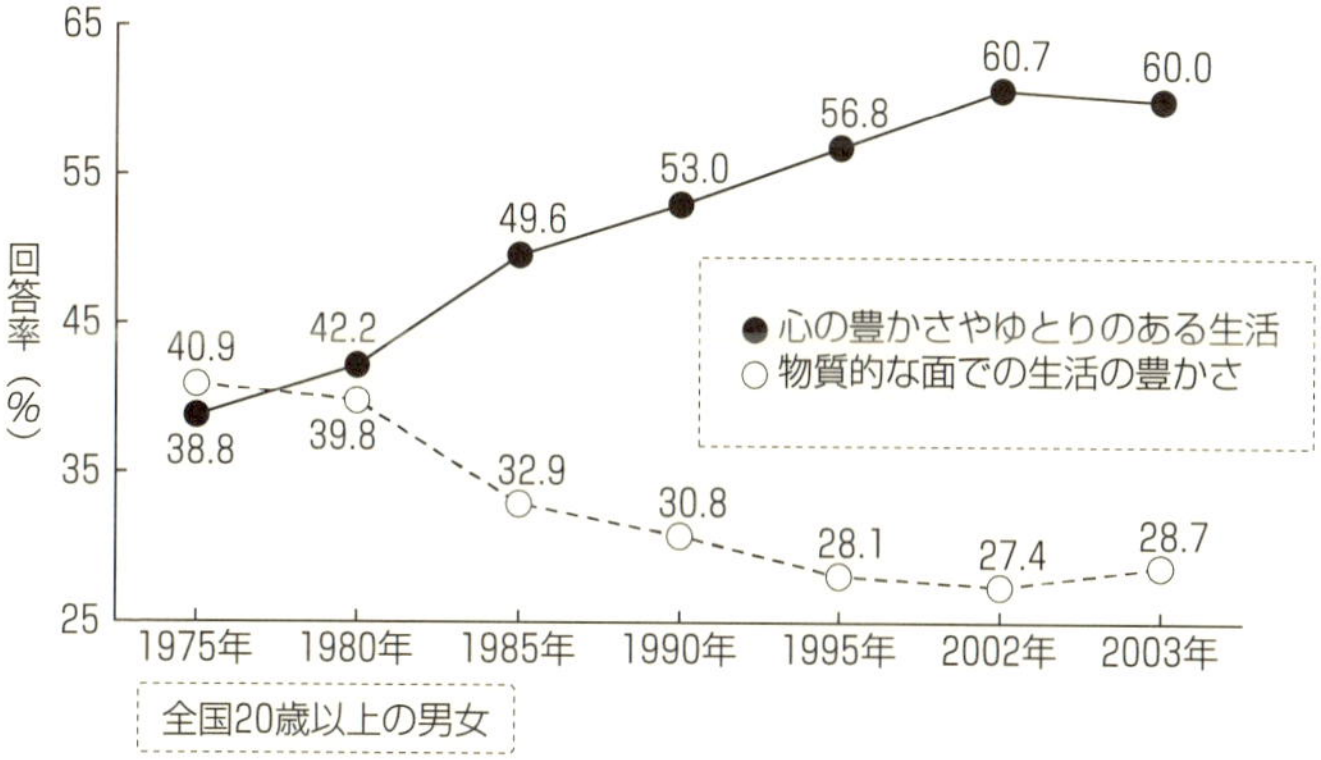

図Ⅳ-3-a　今後の生活で重視する事柄
（内閣府大臣官房政府広報室編，2003より）

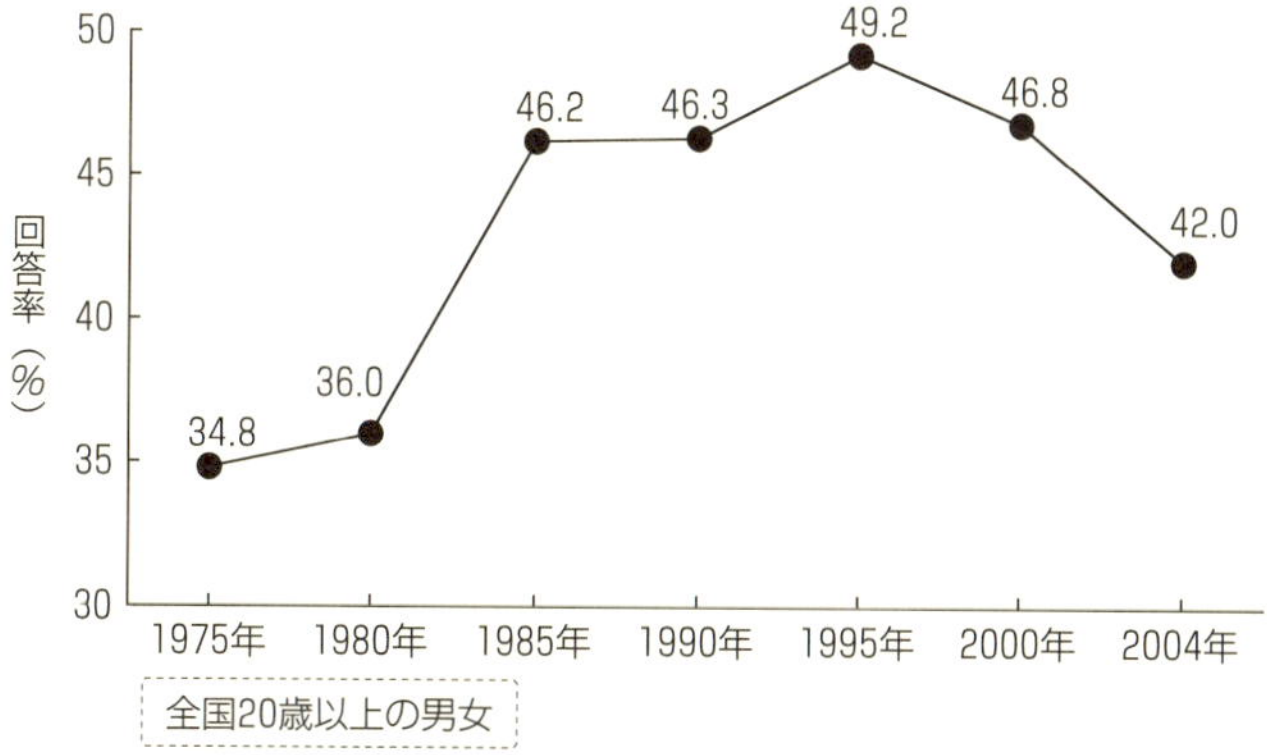

図Ⅳ-3-b 「自分本位である」という世相イメージの推移
（内閣府大臣官房政府広報室編，2004より）

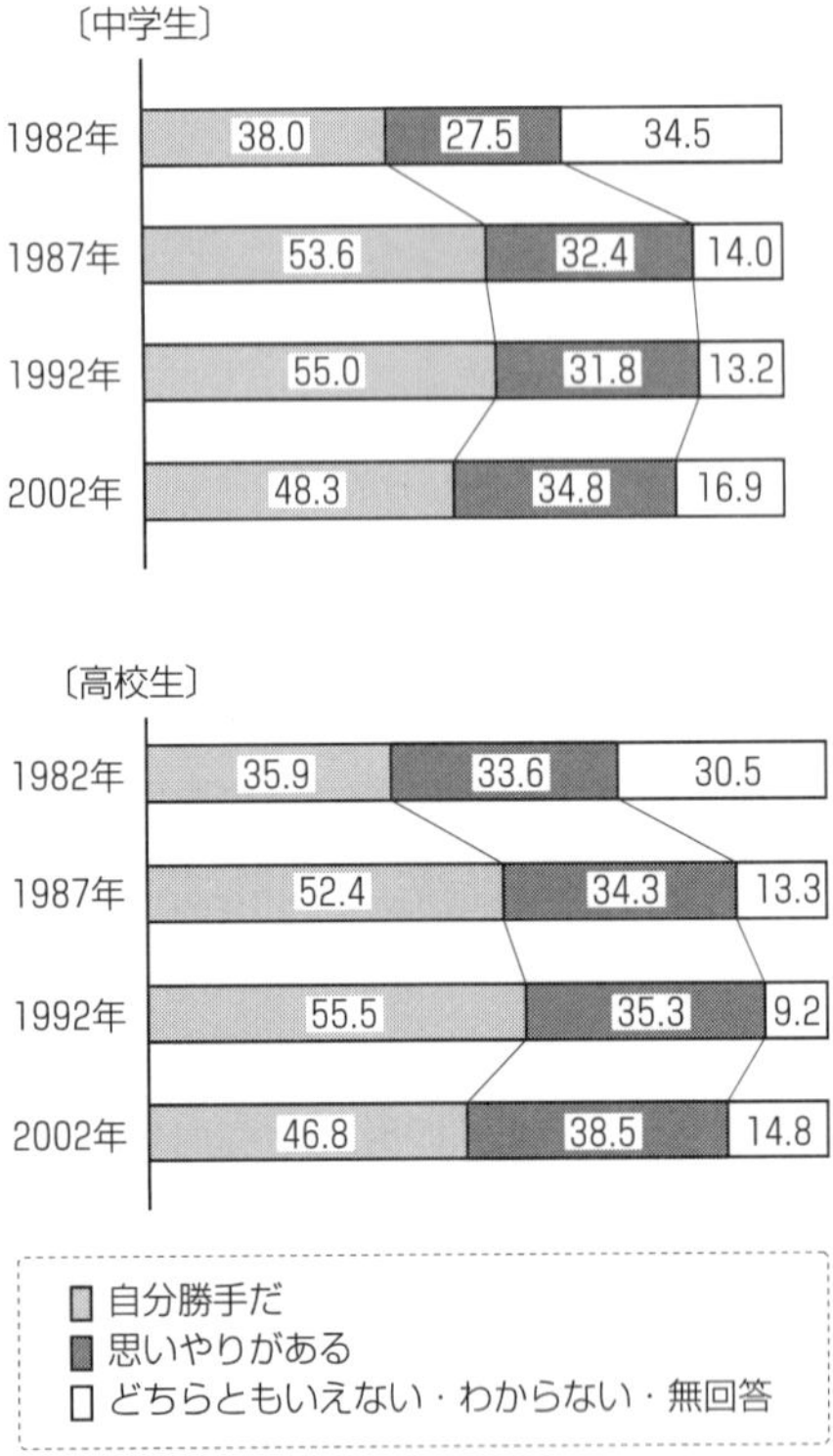

図Ⅳ-3-c　自分は「自分勝手」か「思いやるがあるか」か

(NHK 放送文化研究所編, 2003より)

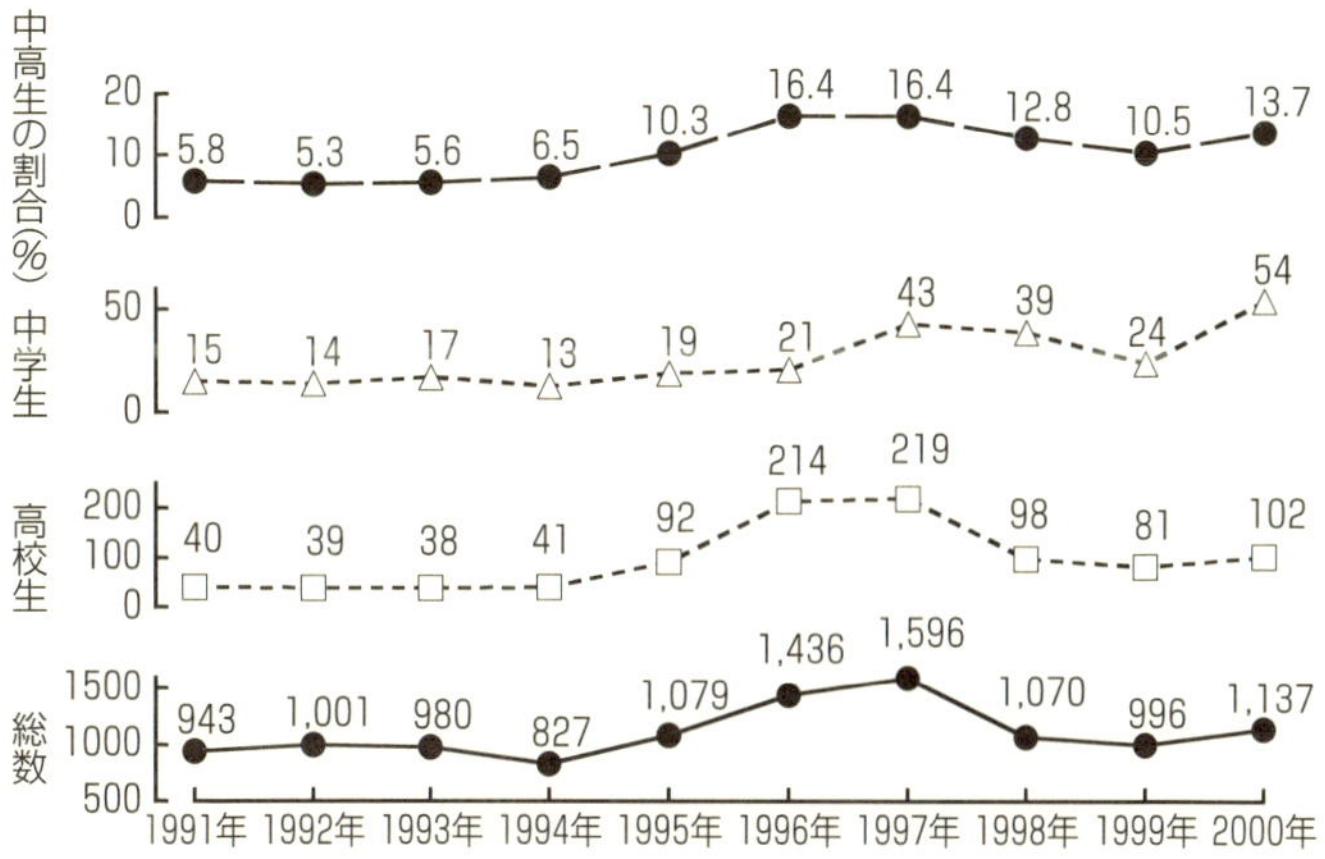

図Ⅳ－3－d　「覚醒剤」事犯による検挙人員の推移（警察庁編，2001より）

を確信させるのだ。これは、先に見た今の瞬間の享受と「妙に」重なり合うと、薬物依存へと向かう。「覚醒剤」事犯による検挙人員の推移を図Ⅳ－3－dに示すが（警察庁編　二〇〇一）、九〇年代の中・高生の薬物依存を認めることができる。ブルーハーツでは『スピード』、ハイロウズでは『ecstacy』などという意味深長な唄もあるが、後述する「生に対する無条件の肯定」というイデオロギーから、「心」を高揚させても「死」の危険を孕む薬物唱導を彼らは好まない。

　仲間に対する「乖離感」から自分中心主義への転変は、若者の「ひきこもり」を常態化する。斎藤（二〇〇三）によれば、「ひきこもり」とは、病名ではなく状態を示す言葉であり、次の二つの特徴によって定義される。①六カ月以上、自宅にひきこもって社会参加しない状態が続いている、②他の精神障害が、その第一の原因としては考えにくい。彼によれば、「ひき

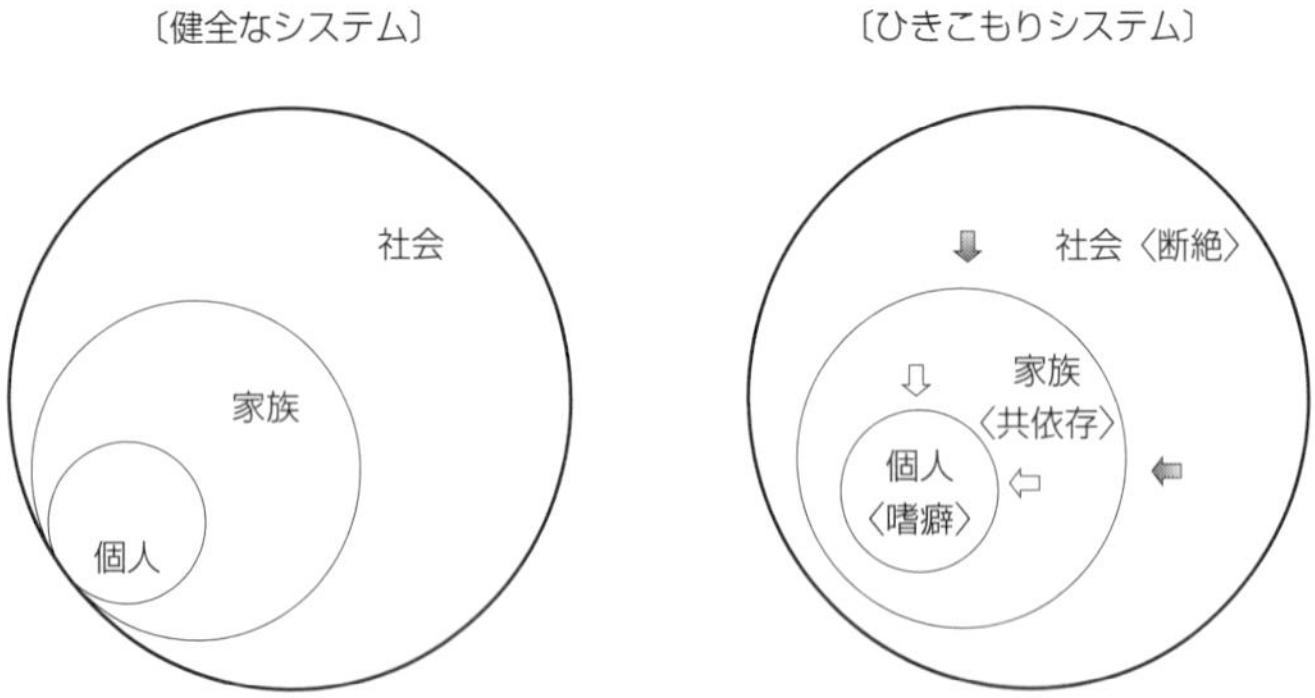

図Ⅳ－3－e　ディスコミュニケーション再生産システムとしてのひきこもりシステム（斎藤，2003より）

こもり」は、「社会↔家族↔個人」の接触点に欠ける構造を共生起する（図Ⅳ－3－e）。

ところで、図Ⅳ－3－fには、家庭生活に対して若者が抱く満足感の推移を表した（内閣府政策統括官編　二〇〇四）。わが国の若者がもつ満足感が、英国や米国の若者に比べて低いものの、九〇年代に入って増加していることを読みとることができる。では、このことは、八〇年代に唱えられた「家族の危機」や「家族の崩壊」が「好転」したことになるだろうか。

山田（二〇〇四）は、家族の変容を惹起した「個人化」の過程が「家族以外のシステムからの自由化」と「家族成員の行動の自由」の二水準から構成されることを考察している（図Ⅳ－3－g）。これを家庭内に位置する「ひきこもり」の若者の視点に適用しよう。二水準の「個人化」は、その若者が家族成員＝親から解放されると同時に、社会による非難的圧力を和らげてくれる家族バッファーという保護膜

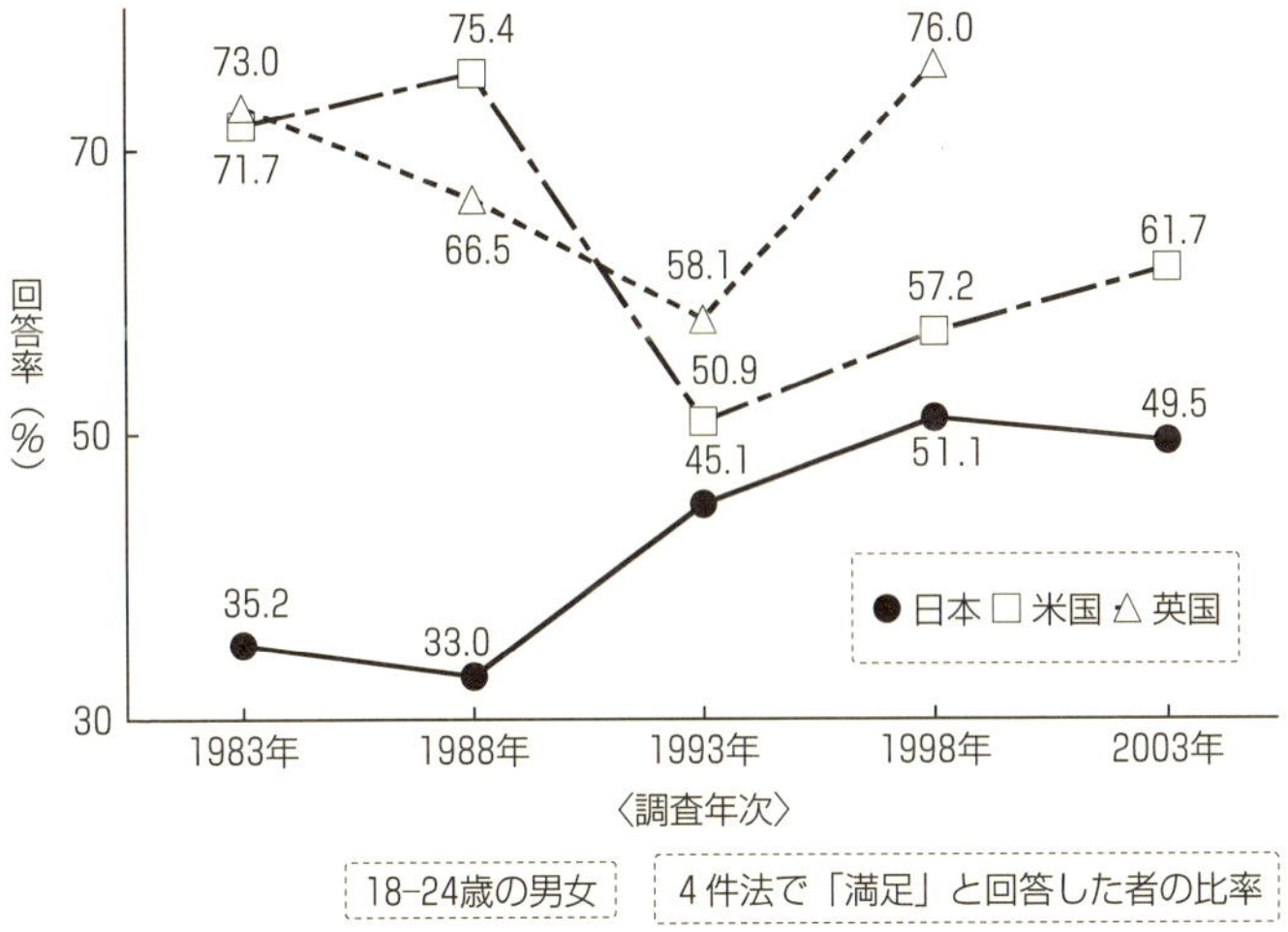

図Ⅳ-3-f　家庭生活に対する満足感（内閣府政策統括官編，2004より）

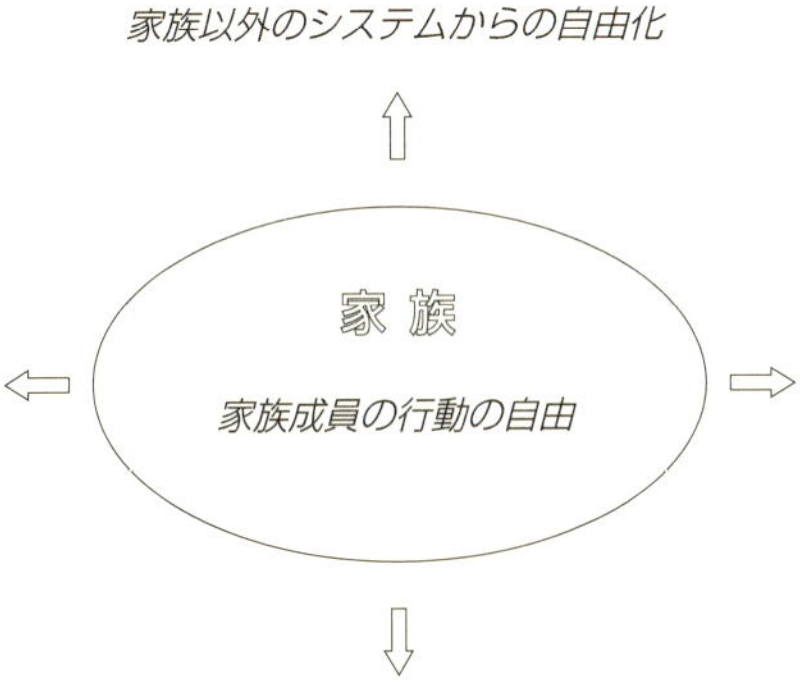

図Ⅳ-3-g　家族の個人化に関する2水準（山田，2004年）

ができあがることを意味する。つまり、逆説的ではあるが、「ひきこもり」現象は、家族という居心地のよい場所の出現を背景にしているのだ。

〔引用文献〕

Bellak, L. 1970 *The porcupine dilemma: Reflections on the human condition.* New York: Citadel press. 小此木啓吾訳『山アラシのジレンマ――人間的過疎をどう生きるか――』一九七四　ダイヤモンド社

Havighurst, R. J. 1953 *Human development and education.* New York: Longmans, Green & Co., Inc. 荘司雅子監訳『人間の発達課題と教育』一九九五　玉川大学出版部

Jourard, S. M. 1971 *The transparent self.* Litton Educational Publishing, Inc. 岡堂哲雄訳『透明なる自己』一九七四　誠信書房

金原ひとみ　二〇〇四『蛇にピアス』集英社

警察庁編　二〇〇一『平成一三年度警察白書――二一世紀を担う少年のために――』財務省印刷局

久世敏雄・平石賢二　一九九二　青年期の親子関係研究の展望　名古屋大学教育学部紀要（教育心理学科）三九　七七―八八頁

Lasch, C. 1979 *The culture of narcissism: American life in an age of diminishing expectations.* W. W. Norton & Company, Inc. 石川弘義訳『ナルシシズムの時代』一九八一　ナツメ社

Levinger, G. 1974 A three-level approach to attraction: Toward an understanding of pair relatedness. T. L. Huston（Ed.）*Foundations of interpersonal attraction.* New York: Academic

Press. Pp. 99–120.

松井　豊　一九九〇　友人関係の機能　斎藤耕二・菊池章夫編『社会化の心理学ハンドブック――人間形成と社会と文化――』川島書店　二八三―二九六頁

諸井克英　一九九五『孤独感に関する社会心理学的研究――原因帰属および対処方略との関係を中心として――』風間書房

内閣府大臣官房政府広報室編　二〇〇三『月刊世論調査平成一五年一一月号　国民生活』国立印刷局

内閣府大臣官房政府広報室編　二〇〇四『月刊世論調査平成一六年六月号　社会意識』国立印刷局

内閣府政策統括官（共生社会政策担当）編　二〇〇四『世界の青年との比較からみた日本の青年――第七回世界青年意識調査報告書――』国立印刷局

中野　収　一九九一『若者文化人類学――異人としての若者論――』東京書籍

ＮＨＫ放送文化研究所編　二〇〇三『現代中学生・高校生の生活と意識――楽しい今と不確かな未来――』ＮＨＫ出版

ＮＨＫ放送文化研究所世論調査部編　一九九五『現代中学生・高校生の生活と意識』明治図書

斎藤　環　二〇〇三『ひきこもり文化論』紀伊國屋書店

綿矢りさ　二〇〇三『蹴りたい背中』河出書房新社

山田昌弘　二〇〇四　家族の個人化　社会学評論　五四（四）三四一―三五四頁

山中一英　一九九六　友人関係の親密化過程　長田雅喜編『対人関係の社会心理学』一〇一―一一〇頁　福村出版

〔音源〕

街（作詞・作曲／甲本ヒロト） THE BLUE HEARTS 1987
夜の盗賊団（作詩・作曲／真島昌利） DUG OUT 1993
パーティー（作詩・作曲／甲本ヒロト） DUG OUT 1993
期待はずれの人（作詩・作曲／甲本ヒロト） STICK OUT 1993
チェインギャング（作詩・作曲／真島昌利） YOUNG AND PRETTY 1987
月の爆撃機（作詩・作曲／甲本ヒロト） STICK OUT 1993
俺軍、暁の出撃（作詩・作曲／真島昌利） タイガーモービル 1996
不死身のエレキマン（作詩・作曲／甲本ヒロト） ロブスター 1998
ニューヨーク（作詩・作曲／真島昌利） HOTEL TIKI-POTO 2001
ダンスナンバー（作詞・作曲／真島昌利） THE BLUE HEARTS 1987
ロクデナシ（作詩・作曲／真島昌利） YOUNG AND PRETTY 1987
スピード（作詩・作曲／真島昌利） BUST WASTE HIP 1990
ecstacy（作詩・作曲／甲本ヒロト） angel beetle 2002

第V章
照れる恋愛

I felt that you loved me like I love you

僕と同じくらい愛してくれるのはわかってた

But I should know the kind that just don't pay

だが僕は報われない愛を知るべきなんだ

So I look up to the sky

そこで僕は空を見上げ

And I wonder what it will be like in days gone by

過ぎ去った日々がどんなだったかを想うんだ

As I sit wavin' the wave of nostalgia

腰をおろして

For an angel to come

天使に郷愁を感じてる［Kuni Takeuchi 訳］

〈*"NOSTALGIA"* written by Shelley（BUZZCOCKS）〉

1. 素直な気持ち

前章でも述べたように、青年期の主要な発達課題は、①同年齢の男女との洗練された交際の学習と②自己の性別に応じた社会的役割の学習である（Havighurst, 1953）。異性に対する特別の意識は、性ホルモン分泌の活性化によって射精、初潮、陰毛など身体的変化が発現する第二次性徴に伴って出現する。この異性に対する特別の意識は、恋愛感情として経験される。ハットフィールドとウォルスター（Hatfield & Walster, 1978）によれば、恋愛は、「情熱的恋愛」と「友情的恋愛」の二つの側面に分けることができる。「情熱的恋愛」は相手との結合を切望する複合的な感情状態で、生理的覚醒状態を特徴とし、「友情的恋愛」は友好的で安定した感情から成る。ブルーハーツでは、「情熱的恋愛」が、「男性が女性を保護する」というジェンダーの観点からは伝統的な形で表出される。

すがりつく　胸が欲しいなら
僕のこの腕で　そうして欲しいずっと　Baby Baby
ああ君のため　僕がしてあげられることは

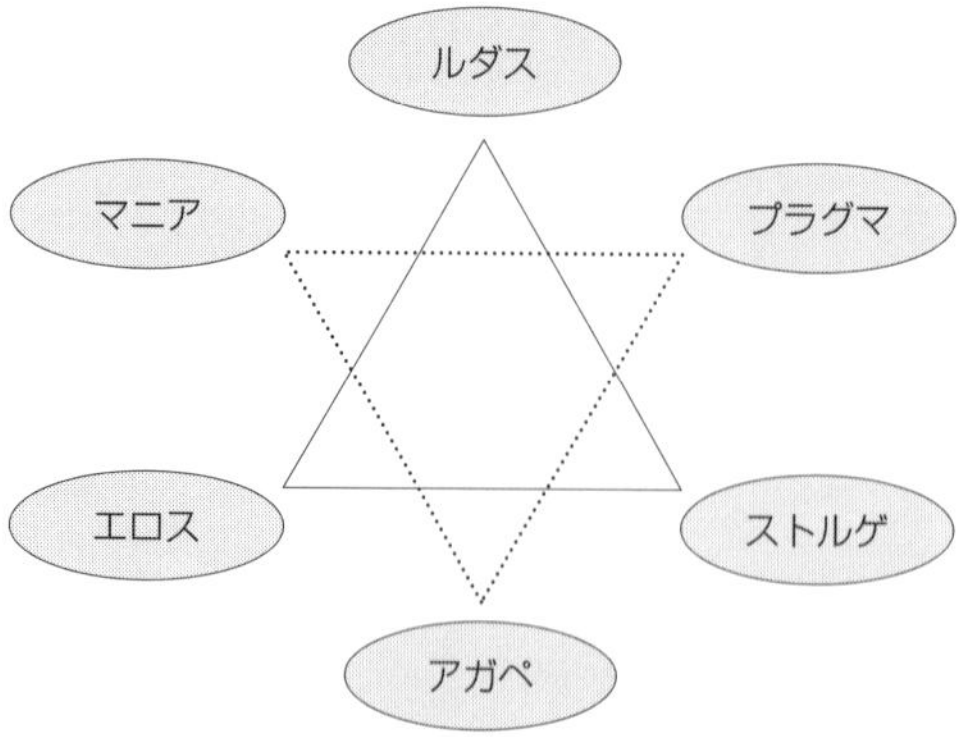

図V-1-a　6つの恋愛スタイル（Lee, 1977より）

それぐらいしか　今はできないけれど

〈真島昌利作詞『君のため』〉

ごまかしばかりの世の中で
死ぬまでお前を離さない
でたらめばかりの世の中で
本当の事を見つけたよ
何よりも強い愛で　お前で守ってあげたい

〈真島昌利作詞『お前を離さない』〉

ところで、リー（Lee, 1977）は、恋愛自体の定義よりも、恋愛に関する種々の概念化の個人的表出や社会的表出の差異、つまり恋愛スタイルに注目した。過去の恋愛小説の中での恋愛の扱われ方や、青年を対象とする面接に基づき、次の六つのスタイルが抽出された（図V-1-a）。①マニア〈独占欲が強い。嫉妬、強迫的な執着、悲哀などの激しい感情を伴う〉、②エロス〈恋愛を至上のものと考え、ロマンティックな考えや行動をとる。相手の外見を重視し、一目惚れを起こす〉、③アガペ〈相手の利益だけを考え、相手のための自己犠牲を厭わない〉、④ストルゲ〈穏やかな、友情的な恋愛。長期にわたり愛を育む〉、⑤プラグマ〈恋愛を地位上昇の手段として考える。社会的地位の釣り合いなどの基準をたてて、相手を選択する〉、⑥ルダス〈恋愛をゲームとして捉え、楽しむことを重要と考える。相手に執着はなく、距離をとる。複数の相手と恋愛できる〉。六つのスタイルを仮定するにあたって、リーは、エロス、ストルゲ、ルダスを基本要素と仮定し、他の三スタイルを基本要素の合成物と考えた（エロスとルダスの結合としてマニア、エロスとストルゲの結合としてアガペ、ストルゲとルダスの結合としてプラグマ）。彼は、「色相環」に模して六つの恋愛スタイルを提起したのである。

ブルーハーツが「僕がしてあげられること」や「本当の事」として表現するいわば恋愛信仰は、エロスやアガペに彩られている。

恋愛関係の進展過程を調べるために、松井（一九九〇）は、男女大学生に「恋人もしくはもっとも親しい異性」との間の恋愛経験を尋ねた。統計解析に基づいて、友愛的会話に始まり、関係の周囲へ公的開示や共行動を経て、婚約・結婚に関連した行動に至る一次元的な進展があることが認められた。

短大生や大学生を対象とした恋愛経験の進展を検討した諸井（二〇〇三）も松井と同様に恋愛関係の親密化を表す軸を得た。しかし、松井の結果と詳細に比較すると、興味深い差異が見られた。中程度の親密さを表す行動項目ではかなり変動が認められ、「性交する」が松井では「親密化の最終段階」に位置しているのに、この研究の場合には中程度の親密化段階にあった。この行動項目の経験率は、諸井によるサンプルのほうが性的に進んだ相手をもっていることを示唆した。これは、後で述べる性経験の若年化と対応している。

2. 変形する恋愛感覚

国際比較調査を見ると、興味深い日米差が認められる（総理府青少年対策本部編 一九九九）。図V-2-**a**から分かるように、米国の若者の多くが異性を含む仲間関係を活発に営んでいるのに対し、わが国の若者の約半数では、仲間関係が同性親友に限定されている。この日米差は、青年期の重要な発達課題が「同年齢の男女との洗練された交際の学習」と「自己の性別に応じた社会的役割の学習」（Havighurst, 1953）であることを踏まえると、わが国の若者が営む異性との相互作用やそれに伴う意識や態度に特異なパターンがあることを示唆している。

相手への湧き上がる思いは、『リンダリンダ』で「ドブネズミ」のやさしさやあたたかさとして変形して表現される。相手への思いの絶対性が「ドブネズミ」の外形的醜さを装って吐き出されるのだ。その思いは、「愛」や「恋」という通俗的なものではなく、「強い力」であることが宣言される。

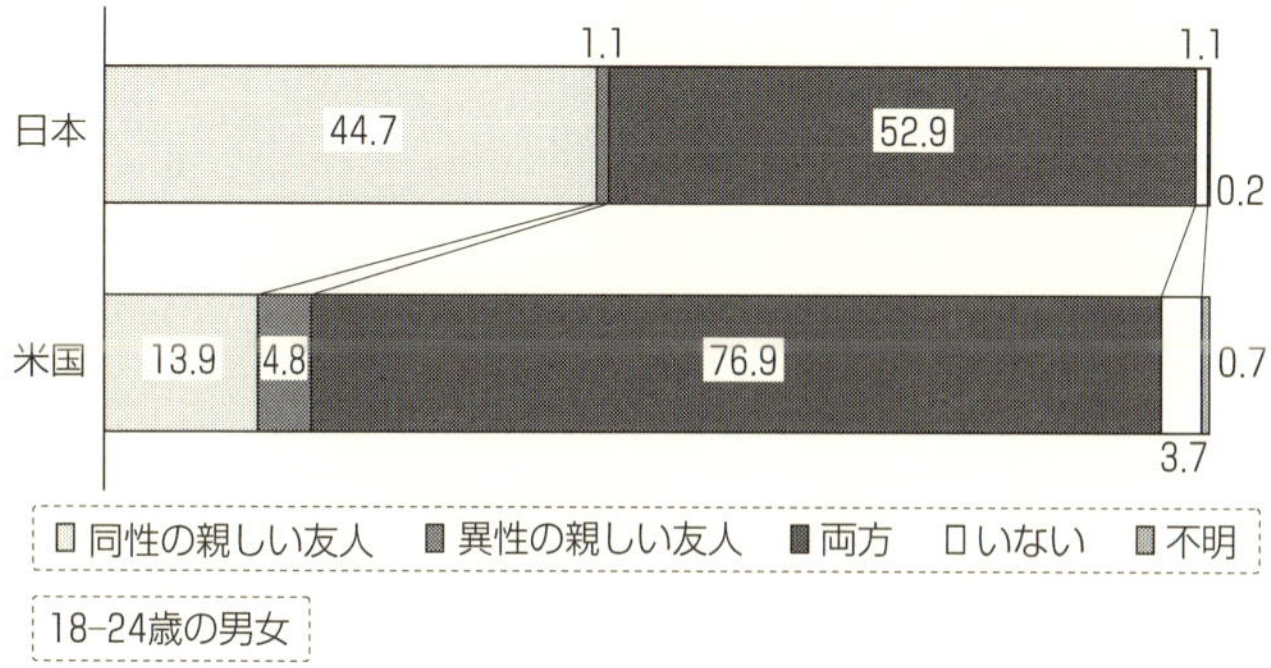

図Ⅴ-2-a　親しい友人の有無（総務庁青少年対策本部編，1999より）

もしも僕がいつか君と出会い話し合うなら
そんな時はどうか愛の意味を知って下さい
ドブネズミみたいに誰よりもやさしい
ドブネズミみたいに何よりもあたたかく
……
愛じゃなくても恋じゃなくても君を離しはしない
決して負けない強い力を一つだけ持つ

〈甲本ヒロト作詞『リンダリンダ』〉

この「ドブネズミ」へのある種の異様な喩えは、先述したように第二次性徴を基盤とする、異性への身体的揺らぎをいわば自虐的に純粋化する。つまり、相手への行動的接近による思いの実現よりも、自分が「ドブネズミ」でも相手は自分を愛してくれるのかという自虐的「問いかけ」をすることによって、実現の基準を自ら高くするのだ。

ところで、**図Ⅴ-2-a**に現れた異性交友の日米差は、米国の青年では異性の友だちや恋人をもつことが日常生活における重要な目標の一つとなっていることを表している。しかしながら、その分、異性関係形成の失敗やその懸念が不適応感をもたらす可能性も大きくなる。米国では、異性との相互作用に伴う不適応の問題が「異性不安」という概念の下で早くから研究対象とされており、治療法も開発されている（富重　一九九三）。しかしながら、ブルーハーツの変形した恋愛感覚は、異性関係形成の失敗に関する懸念の反映と解釈するのは早計であろう。そもそもわが国の青年期の恋愛が、身体的接触＝性交渉をできるだけ抑制する形で流布され、意識の中での閉じこもりを美化されてきたことに関連するかもしれない。その中での恋愛イデオロギー的到達点が「ドブネズミ」なのだ。

3. 叶わぬ恋

恋愛は、常に親密化に向かうとは限らない。失恋、一般的にいえば親密な関係の崩壊もある。ダック（Duck, 1982）によれば、親密な関係の崩壊過程は次の四段階から構成される。①「内的取り組み段階」〈不満の原因の特定化、関係の再評価〉、②「二者段階」〈自分の不満や考えの相手への表明〉、③「社会的段階」〈関係解消後の事柄に関する相談、関係解消の公表〉、④「思い出の埋葬段階」〈喪失した関係の回顧、清算〉。

『TOO MUCH PAIN』では、失恋に伴う悲嘆が「あなたの言葉」の想起と衰退として唄いあげられる。『トーチソング』では、彼女との戯れが「幻」として再構成される。

あなたの言葉がまるで旋律のように
頭の中で鳴っている　TOO MUCH PAIN
……
あなたの唇動くスローモーションで
僕は耳をふさいでる　TOO MUCH PAIN
……
あなたの言葉は遠くもう聞きとれない
何かがはじけ飛び散った　TOO MUCH PAIN〈真島昌利作詞『TOO MUCH PAIN』〉

作り雨にはブーゲンビリア　未来が微笑む
彼女のキスにおぼれる　ボクの幻を笑え
下描きのまま放り出された　今日はまるで所在なく
夢見てるのは彼女の仕草　夏にはりついた〈真島昌利作詞『トーチソング』〉

「ハイロウズ時代」になると、明らかに恋愛に対する作法の転換が起こる。つまり、もともと「叶わぬ恋」として自分の恋愛衝動が吐き出されるのだ。『千年メダル』では「千年」というあり得ない将来を先取り的に設定して自分の思いを吐露する、自己完結的世界が浮き彫りになる。「答えなんかない方が」いいとすることによって、事前に恋愛の失敗を回避するのだ。自分のイメージを損なう可能性があるときには、その可能性を現実に高める条件を事前に自らつくり出したり、不利な条件の存在を事前に他者に主張することがある。バーグラスとジョーンズ（Berglas & Jones, 1978）は、これをセルフ・ハンディキャピングと呼んだ。ハイロウズの『千年メダル』では、いわば恋に関するセルフ・ハンディキャピング的心境が唄われるのだ。

この恋がいつの日か　表彰台にのぼる時
君がメダルを受けとってくれないか
たとえば千年　千年じゃたりないか
できるだけ長生きするから
……
僕が眠るのは君の夢を見る時
僕が歩くのは君に会いに行く時

僕が何も聞かないのは
答えなんかない方が　その方がいいから〈甲本ヒロト作詞『千年メダル』〉

さらに、「ハイロウズ時代」も確立期に向かうと、自己完結性の色合いが一層濃くなり、先述したように恋愛感情の本質である「情熱」的成分（Hatfield & Walster, 1978）が消失し、リー（Lee, 1977）がいう「ストルゲ」的雰囲気が支配的となる。『完璧な一日』で唄われる「恋愛」は、「日なたぼっこ」しながら、ただ相手と一緒にいたいという親和欲求と重なり合う。親和欲求とは、人間の重要な社会的欲求として位置づけられ、「他の人々と一緒にいようとする欲求」である〈長田　一九七二〉。同一の構図が『映画』でも「偶然」の出会いの期待という形で唄われる。目標は「楽しみにしていた」映画に行くことなのだ。

ひょうたん橋の手すりに　腰を下ろし日なたぼっこ
じいさんの連れた犬が　植え込みにションベンかける
それで君がそばにいれば　完璧な一日なのに〈真島昌利作詞『完璧な一日』〉
楽しみにしていた
映画がくるんだよ

人気はないけど
僕は好きなんだよ
……
あなたに会えたらなあ
毎日だったらなあ
偶然でもいいけど
約束できたらなあ〈甲本ヒロト作詞『映画』〉

さらに、「毛虫」の生態をほのぼのと記述的に唄う中に「あなたに会いたい」という思いをそっと忍ばせる。

毛虫　毛虫　毛虫　毛虫
なんかの赤ん坊
……
ああ　いつか　季節をこえて
あなたに会いたいの〈甲本ヒロト作詞『毛虫』〉

「ブルーハーツ時代」での恋愛の情熱成分をいかに処理するかという課題は、ここにきて同性関係にも通じる「友情的成分」で巧みに覆い隠されていくのだ。

4．エロスの波

(1)　エロスがままに

精神分析学を創始したフロイト（Freud, S.）は、幼児期に「それ自体として快と満足を求める欲求」の存在を仮定し、その欲求を人間発達の基礎に据えた。彼のリビドー論は、この欲求の解消の仕方とその心理的結果を根幹とする。第二次性徴を契機とする性衝動は、幼児期の欲求とは異なる「性器性欲」とした。つまり、「性的なもの」と「性器的なもの」を区別したのである（小此木　一九七〇）。彼は、人間の性とそれに伴う快楽の問題を体系的に捉えた。

『ecstacy』では、まさにフロイトが目指したエロス的人間像が単純に提起される。

All I Want Is ecstasy

All I Want Is ecstasy
ハチミツの湖に　満月がゆれている
快楽のイカヅチで　官能のムチで打て〈甲本ヒロト作詞『ecstacy』〉

フロイトの出発点は、性的快楽の根源として意味づけられた「母親の乳房」にある（小此木　一九七〇）。エロス的人間像の表出には、母親に対する微妙な心理的関係性を孕むことになる。

Oh！ママミルクをちょうだい　甘い甘い甘いの
ハチミツよりももっとずっと甘いの……〈真島昌利作詞『ママミルク』〉

蒸し暑い納屋で　乳房などを　吸わせちゃくれないか？〈真島昌利作詞『アネモネ男爵』〉

ところで、第二次性徴を契機とする性衝動は、若者をロックへと誘導する。興奮転移（transferred excitation）理論を提起したジルマン（Zillman, D.）によれば、何らかの原因によって特定の状況で喚起された生理的興奮は、その状況とは無関係の後続状況で引き起こされた生理的興奮に負荷され、より強い情動経験を生じる（図V－4－a）。たとえば、カンターとジルマン（Cantor & Zillmann, 1973）は、男女大学生を被験者として、ロック音楽試聴に先行して呈示される映画の快適さが音楽評価に影響をもたらすことを示した。つまり、興奮させる映画（魅力的な若いカップルが性交、殺し屋がホテルの部屋に押し

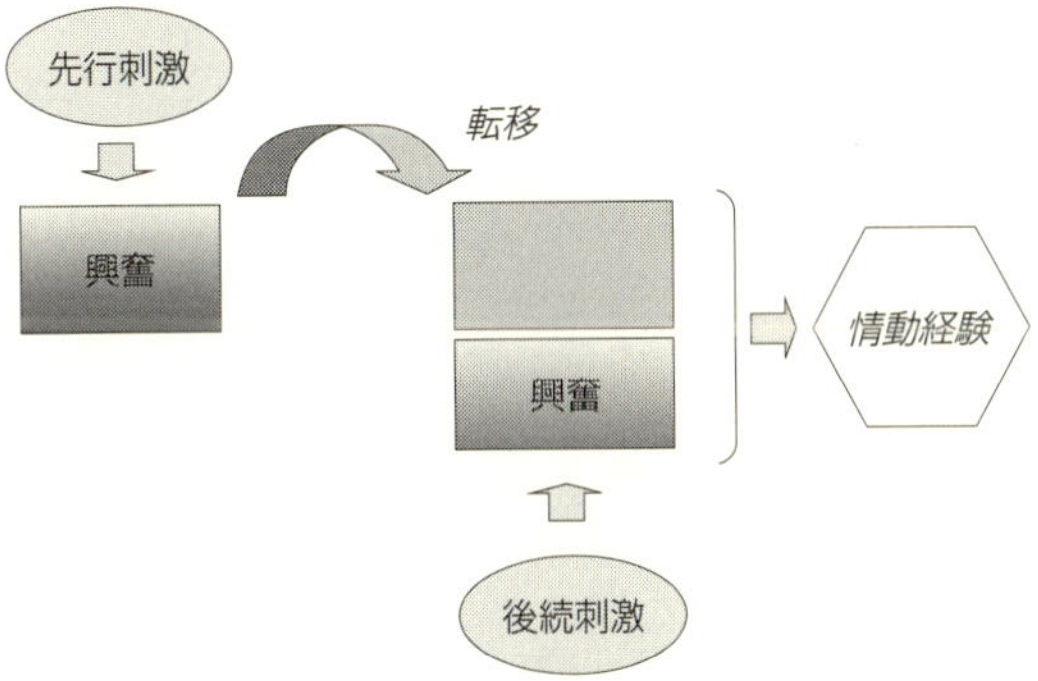

図Ⅴ－4－a　興奮転移の構図（Cantor & Zillman, 1973より）

入り銃を乱射する）を見せられた被験者は、そうでない映画（魅力的な若いカップルがレストランで食事、外科手術中の医者と看護婦〈血の場面などはない〉）を見せられた被験者に比べて、その後聴かされたロック音楽を肯定的に評価した。

実は、この興奮転移理論に基づくと、図Ⅴ－4－bに表すように、性衝動だけでなく、青年がおかれている不安定な位置に伴う緊張感が、政治運動（義憤）や非行などに「転移」されることを確認しておこう。

(2)　溢れ出る男性的衝動

一九七〇年代半ばの労働者階級の若者たちの日常を分析したウィリス（Willis, 1977）は、学校生活に順応する「耳穴っ子（ear'oles）」と対照的に、学校による支配に悪ガキ＝「野郎ども〉が対抗した文化を形成する中で、結局のところ、社会自体に労働者として適応していく過程を再構成した。その際、彼は、〈野郎ども〉が同輩女性に対して「二重規範的」態度

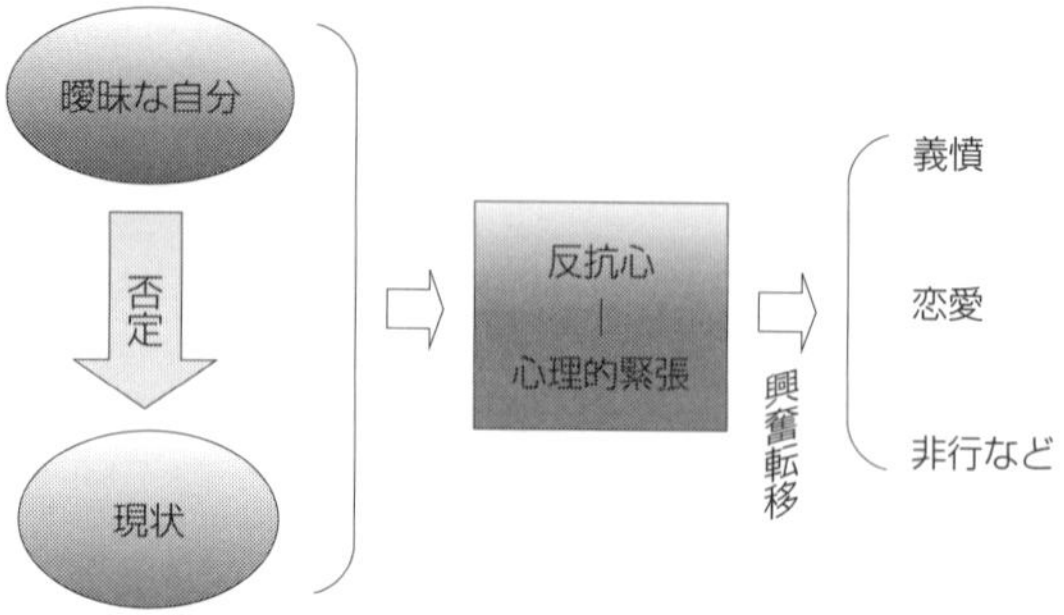

図V－4－b　「興奮転移」現象の青年期への適用

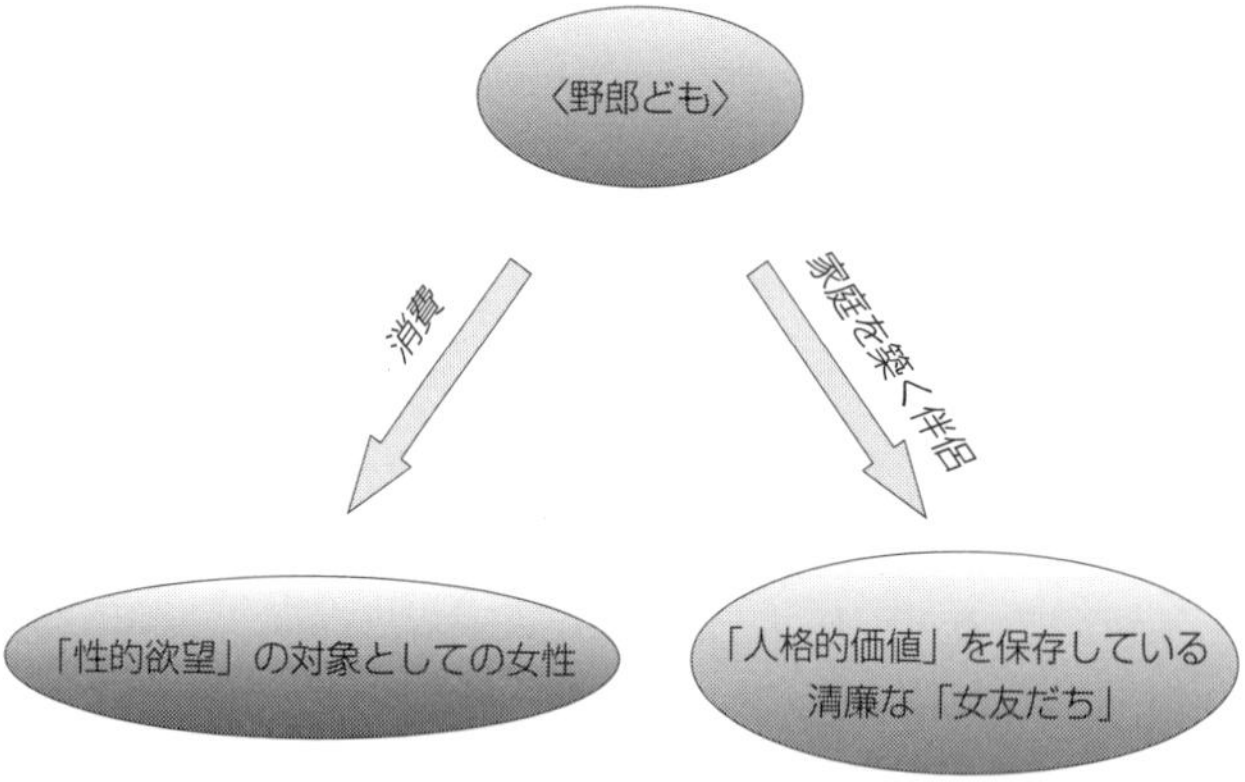

図V－4－c　ハマータウンの〈野郎ども〉における「性の二重規範」
(Willis, 1977より)

をもつことを発見した。図Ⅴ－4－cに示すように、性衝動の対象としての女性と、家庭伴侶の候補者としての女性を差別化しながら、自分自身の性体験を管理するのだ。

先述したように七〇年代半ばに英国で結実するパンクは、基本的に男性的立場からエロス衝動を吐き出す手段でもある。『ビッグ・マシン』や『魔羅（シンボル）'77』では極めて露骨な仕方で男性器が誇示される。

ビッグ・マシン　ビッグ・マシン
ビッグ・マシン　ビッグ・マシン
高速で回転する鉄の下半身〈甲本ヒロト作詞『ビッグ・マシン』〉

バカとシンボルは使い様
シンボル　マラマラ
立ち上がれ　シンボル
輝け　シンボル〈甲本ヒロト作詞「魔羅（シンボル）'77」〉

これは、いわば男性による「性器性欲」だ。さらに、小此木（一九七〇）によれば、フロイトは「個体本位」に「一方向的」にエロスを捉えている。小此木は、母子間コミュニケーションに基づき「一致と共有の体験」を本質とする双方向的な「エロス的コミュニケーション」を提唱する。しかしながら、ハイロウズによるエロス的人間像では、ウィルスの〈野郎ども〉と同様に（図V-4-c）、一方向的に性的衝動が吐き出される。

足りない部分の　穴をうめてやる
欠けてる部分の　穴につっこみたい
暗いところ　火花をちらしてあたためたい
ピストンピストン　俺はピストンピストン
ピストンピストン　穴が呼んでるぜピストン
ピストンピストン　俺はピストンピストン
ピストンピストン　止められないぜピストン〈甲本ヒロト作詞『ピストン』〉

実は、ハイロウズによるエロス的人間像は、先に見た「ストルゲ」的雰囲気に相反するように思える。しかしながら、ともに自己中心的傾向を同根にしているのだ。米国社会のさまざま側面での自己愛化を指摘したラッシュ（Lasch, 1979）は、「セックスの興奮」への過度の注意を指摘した。つまり、本来は相互的であるはずのセックスも自分自身のエロス的衝動の解消道具として機能するのだ。

図V-4-dには、七〇年代半ばからのわが国の青年の性経験率の推移が示してある（日本性教育協会

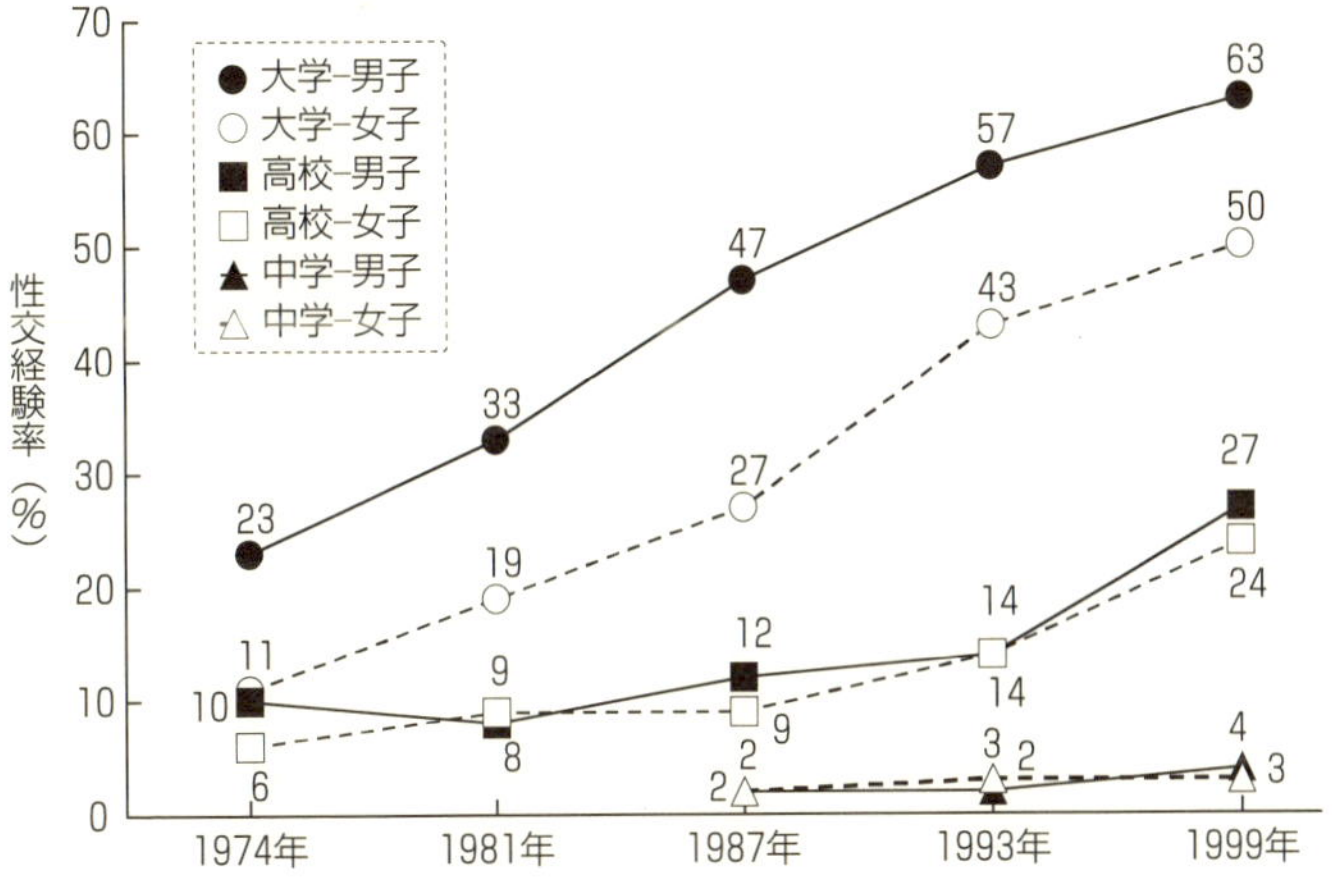

図V－4－d　性交経験率の推移（日本性教育協会，2001より）

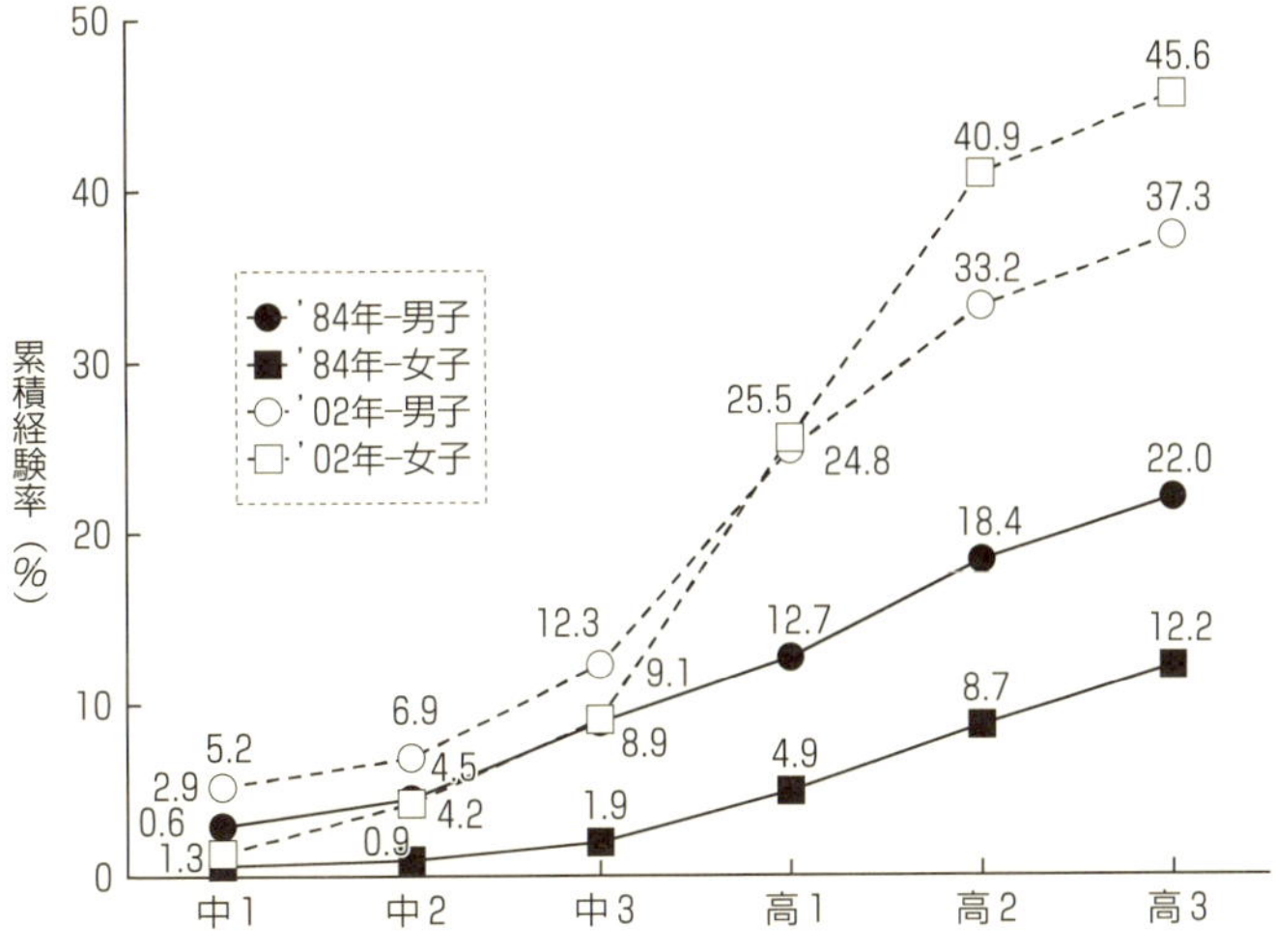

図V－4－e　中学生・高校生の性交経験率の推移
（東京都幼稚園・小・中・高・心障性教育研究会，2002より）

表V－4－a　2000年に「性の逸脱行為」で補導・保護された女子の人数（警察庁編，2001より）

〔就学〕		〔非就学〕	
小学生	33	有職少女	266
中学生	1143	無職少女	991
高校生	1614		
大学生	16		
その他	67		
		総数	4130

編　二〇〇一）。親から独立した自由な生活が確保される大学生でも七〇年代半ばには二割前後の経験率にすぎなかったのに、最近では男女ともに五割を上回る経験率となっている。さらに、東京都に限定した調査では、**図V－4－e**から分かるように、高校二・三年生の経験率の急増を読みとることができる（東京都幼稚園・小・中・高・心障性教育研究会　二〇〇二）。このように、わが国の若者の性行動の現状は確実に活発になったと結論できる。しかしながら、どちらが主導権をもっていたかを示す**図V－4－f**は、ジェンダーの観点から興味深い傾向を示している（日本性教育協会編　二〇〇一）。つまり、若者の性行動の活発化は、「男が女を誘う」という伝統的形式を保持しながら進んでいるのだ。

表V－4－aには、「性の逸脱行為」を理由として補導・保護された女子の人数が示してある（警察庁編　二〇〇一）。実数から見ると、学校教育制度に組み込まれている者が多いことが分かる。さらに、「性の逸脱行為」に走った理由（図V－4－g）については、「興味（好奇心）」が衰退し、「遊ぶ金」目的が増加している。小此木（一九七〇）は、現代人の「性器性欲」への偏重を警告し、性交が「神経質に膣内で行わ

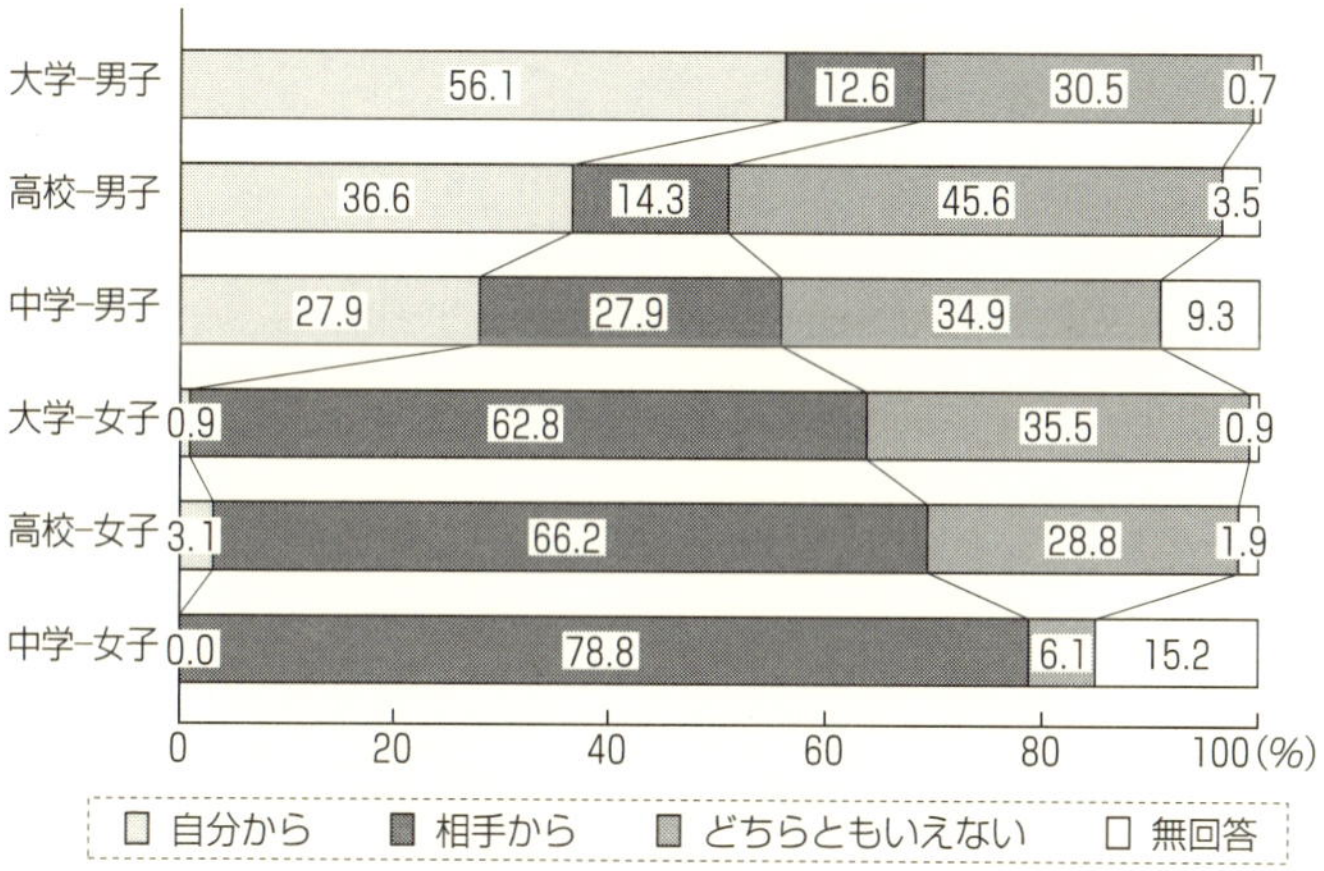

図Ｖ－４－ｆ　最初の性交経験時のイニシャティブ
（日本性教育協会，2001より）

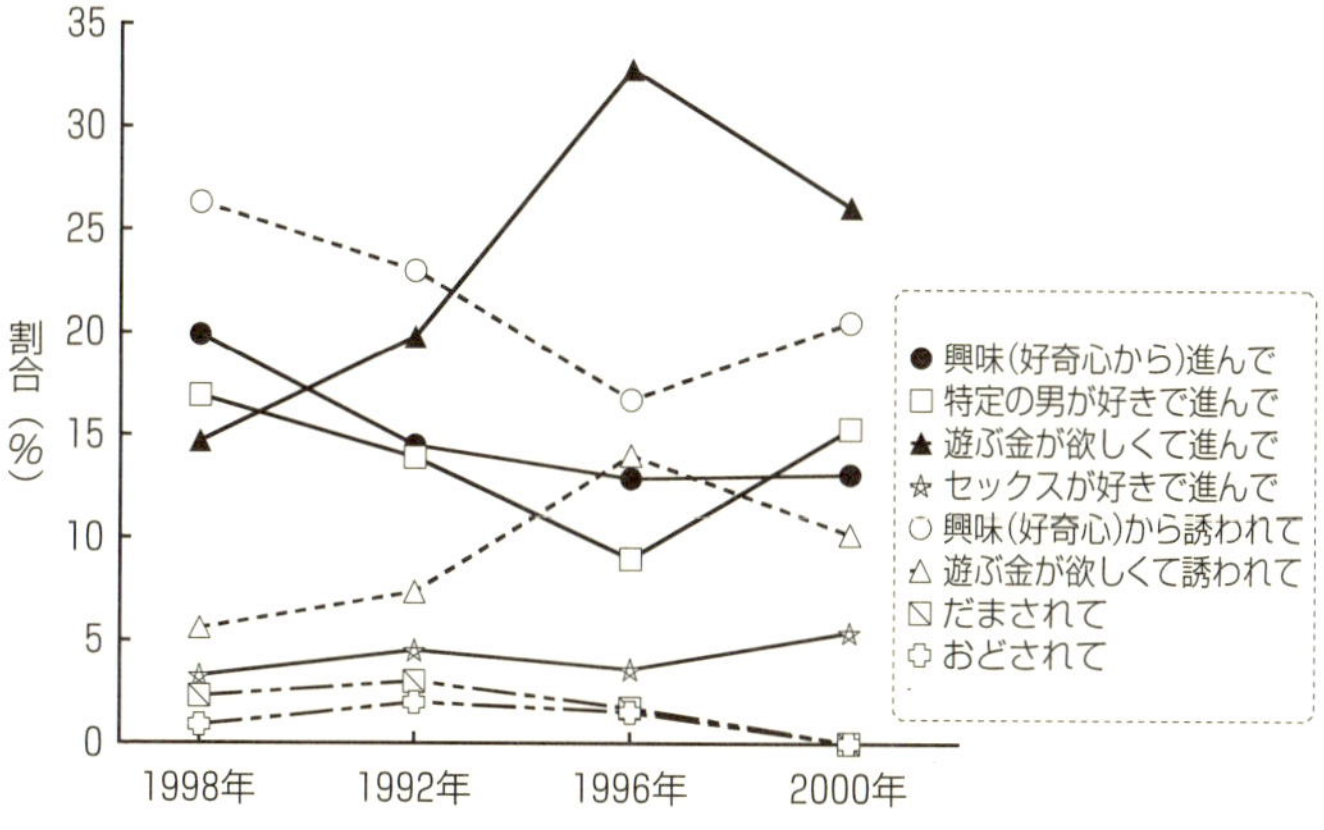

図Ｖ－４－ｇ　補導・保護された女子の「性の逸脱行為」の動機の推移
（警察庁編，2001より）

れる手淫」化すると早七〇年代初頭に予想した。若年女子層の一部に九〇年代に出現した「まるでペットかCDを売り買いするような気軽さ」(黒沼 一九九六)で行われる「援助交際」つまり自らの性器的身体と金銭との交換行為は、双方向的な「エロス的コミュニケーション」(小此木 一九七〇)ではなく、自己愛化を基盤とする「性器性欲」化への退行の必然的結果かもしれない。さらにいえば、**図V-4-f**から分かる性経験の主導権の所在と**図V-4-g**に見られる理由を重ね合わせると、「他人に迷惑をかけない限り、たとえ本人にとって結果的に不利益がもたらされようとも、自分のことを自分で決められる権利」(宮台 一九九八)である「自己決定権」の観点から「援助交際」を論議するよりも、「性器性欲」が優勢化したサブカルチャーの一形態として捉えたほうが単純であろう。

ハイロウズによるエロスの捉え方は、そこにある性衝動をありのまま顕示しているという点で「性器」的といえる。しかしながら、『完璧な一日』、『毛虫』、『映画』などに現れる「ストルゲ的雰囲気」へと「昇華」される。それは、性的衝動が社会的に価値づけられた活動への代理化されると説いたフロイト(1917)の考えに対応する。

〔引用文献〕

Berglas, S., & Jones, E. E. 1978 Drug choice as a self-handicapping strategy in response to non-contingent success. *Journal of Personality and Social Psychology*, **36**, 405–417.

Cantor, J. R. & Zillmann, D. 1973 The effects of affective state and emotional arousal on music appreciation. *Journal of General Psychology*, **89**, 97–108.

Duck, S. 1982 A topography of relationship disengagement and dissolution. In S. Duck (Eds.), *Personal relationships* **4**: *Dissolving personal relationships.* Academic Press. 1–30

Freud, S. 1917 *Vorlesungen zur Einfuhrüng in die Psychoanalyse.* 懸田克躬訳『精神分析学入門Ⅱ』二〇〇一　中公クラシックス

Hatfield, E., & Walster, G. W. 1978 *A new look at love.* University Press of America, Inc. 齊藤勇監訳『恋愛心理学』一九九九　川島書店

Havighurst, R. J. 1953 *Human development and education.* New York: Longmans, Green & Co., Inc. 荘司雅子監訳『人間の発達課題と教育』一九九五　玉川大学出版部

警察庁編　二〇〇一『平成一三年度警察白書——二一世紀を担う少年のために——』財務省印刷局

黒沼克史　一九九六『援助交際——女子中高生の危険な放課後——』文藝春秋

Lasch, C. 1979 *The culture of narcissism: American life in an age of diminishing expectations.* W.

W. Norton & Company, Inc. 石川弘義訳『ナルシシズムの時代』一九八一　ナツメ社

Lee, J. A. 1977 A typology of styles of loving. *Personality and Social Psychology Bulletin*, 3, 173–182.

松井　豊　一九九〇　青年の恋愛行動の構造　心理学評論　三三　三五五―三七〇頁

宮台真司　一九九八　自己決定原論――自由と尊厳――　宮台真司他『〈性の自己決定〉原論――援助交際・売買春・子どもの性――』紀伊國屋書店　二四九―二八六頁

諸井克英　二〇〇三　若者の対人環境管理に関する社会心理学的研究(5)――恋愛の進展におよぼすセルフ・モニタリング傾向の影響――同志社女子大学学術研究年報　**五四**　一―二〇頁

日本性教育協会編　二〇〇一『「若者の性」白書――第五回青少年の性行動全国調査報告――』小学館

小此木啓吾　一九七〇『エロス的人間論――フロイトを超えるもの――』講談社現代新書

長田雅喜　一九七一　社会的なモティベーション――親和性を中心にして――　水原泰介（編）『講座心理学一三　社会心理学』東京大学出版会　三四―五七頁

総務庁青少年対策本部編　一九九九『世界の青年との比較からみた日本の青年――第六回世界青年意識調査報告書――』大蔵省印刷局

東京都幼稚園・小・中・高・心障性教育研究会　二〇〇二『二〇〇二年調査児童・生徒の性』学校図

書

富重健一　一九九三　青年期における「異性不安」研究の現状と今後の課題　東京大学教育学部紀要　三三　九七―一〇五頁

Willis, P. 1977 *Lerning to labou : How working class kids get working class jobs.* Ashgate Publishing Limited. 熊沢　誠・山田　潤訳『ハマータウンの野郎ども――学校への反抗　労働への順応――』一九九六　ちくま学芸文庫

〔音源〕

君のため（作詞・作曲／真島昌利） THE BLUE HEARTS 1987

お前を離さない（作詩・作曲／真島昌利） TRAIN-TRAIN 1988

リンダリンダ（作詞・作曲／甲本ヒロト） THE BLUE HEARTS 1987

TOO MUCH PAIN（作詩・作曲／真島昌利） HIGH KICKS 1991

トーチソング（作詩・作曲／真島昌利） DUG OUT 1993

千年メダル（作詩・作曲／甲本ヒロト） ロブスター 1998

完璧な一日（作詩・作曲／真島昌利） Relaxin' WITH THE HIGH-LOWS 2000

映画（作詩・作曲／甲本ヒロト） angel beetle 2002

毛虫（作詩・作曲／甲本ヒロト） angel beetle 2002

ecstacy（作詩・作曲／甲本ヒロト） angel beetle 2002

ママミルク（作詩・作曲／真島昌利） THE HIGH-LOWS 1995

アネモネ男爵（作詩・作曲／真島昌利） Do!! The★MUSTANG 2004

ビッグ・マシン（作詩・作曲／甲本ヒロト） THE HIGH-LOWS 1995

魔羅（シンボル）'77（作詩・作曲／甲本ヒロト） Relaxin' WITH THE HIGH-LOWS 2000

ピストン（作詩・作曲／甲本ヒロト） ロブスター 1998

＊＊＊＊＊

BUZZCOCKS *OPERATORS MANUAL BUZZCOCKS BEST* TOCP-53289

第Ⅵ章
死ぬには早すぎる

1. 生き続けることの無条件の肯定

図Ⅵ―1―aには、第二次大戦後のわが国の自殺率の推移が示してある（厚生省大臣官房統計情報部　一九九九）。一般的に男性の自殺率は高く、五〇年代と八〇年代の半ばにピークを認めることができる。年代別に自殺率を見ると（図Ⅵ―1―b・c）、五〇年代半ばから六〇年代にかけて若者（ここでは一五歳から二四歳）の「死に急ぎ」が読みとれる。これは、わが国において青年期の特徴の一つとしての自殺イメージを構成する。しかし、実は八〇年代以降では青年は他の年齢層と比べてそれほど自殺を選択していないのだ。

自殺現象を通して社会学の構築を試みたデュルケーム（Durkheim, 1897）は「死が、当人自身によってなされた積極的・消極的な行為から直接、間接に生じる結果であり、しかも、当人がその結果の生じうることを予知していた場合を、すべて自殺と名づけ」、自殺現象と社会構造との関連を試みた。彼は、次のような自殺現象の基本四類型を抽出した。①自己本位的自殺〈社会の統合・連帯が弱まり、集団生活からの孤立の結果として生じる自殺〉、②集団本位的自殺〈社会が強い統合度と権威をもち、個人に死を強制・奨励することによって生じる自殺〉、③アノミー的自殺〈社会の規範が弛緩・崩壊し、個人の欲求への適切な統

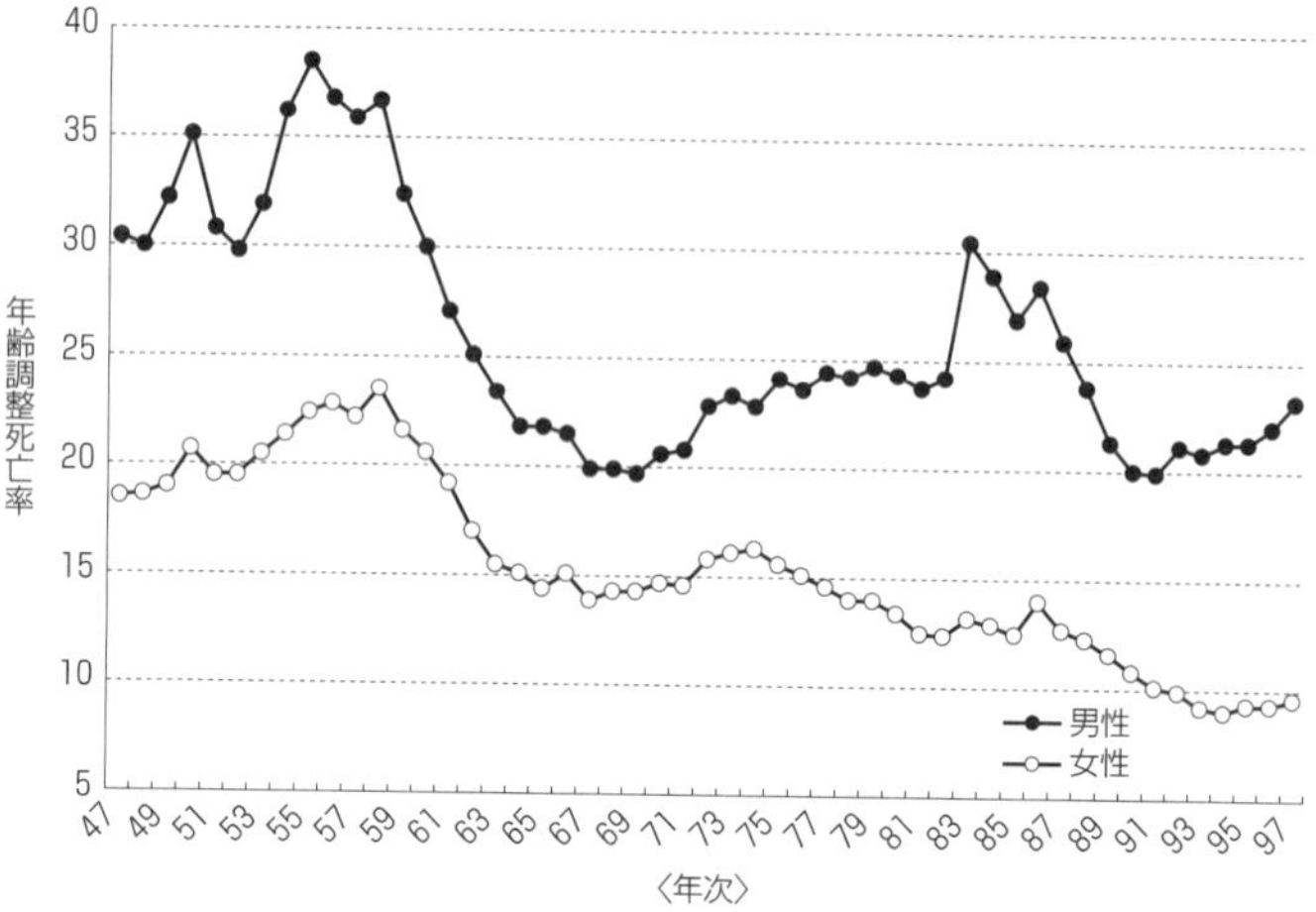

図Ⅵ－１－a　わが国における年齢調整死亡率の推移〈人口10万対〉
（厚生省大臣官房統計情報部，1999より）

制が機能しなくなり、無際限の欲求にかりたてられた個人に生じる幻滅・空虚感による自殺〉、④宿命的自殺〈欲求に対する過剰の抑制的規制により閉塞感・絶望感が高まり生じる自殺〉。第二次大戦後に一時的に現れた若年層の自殺は、デュルケームの「アノミー的自殺」にあたると解釈できる。第二次大戦後に起きた過去の価値観に基づく社会編成の廃棄と新たな再編成は、とりわけ時間的に長い期間が白紙である若者にはアノミー感情を惹起することになる。

ところで、ブルーハーツからハイロウズへと継承される一貫した態度は、死を拒否することである。その理由は、「生きるという事に命をかけてみたい」だけであり、「死んだ人よりも可能性がある」だろうというだけである。

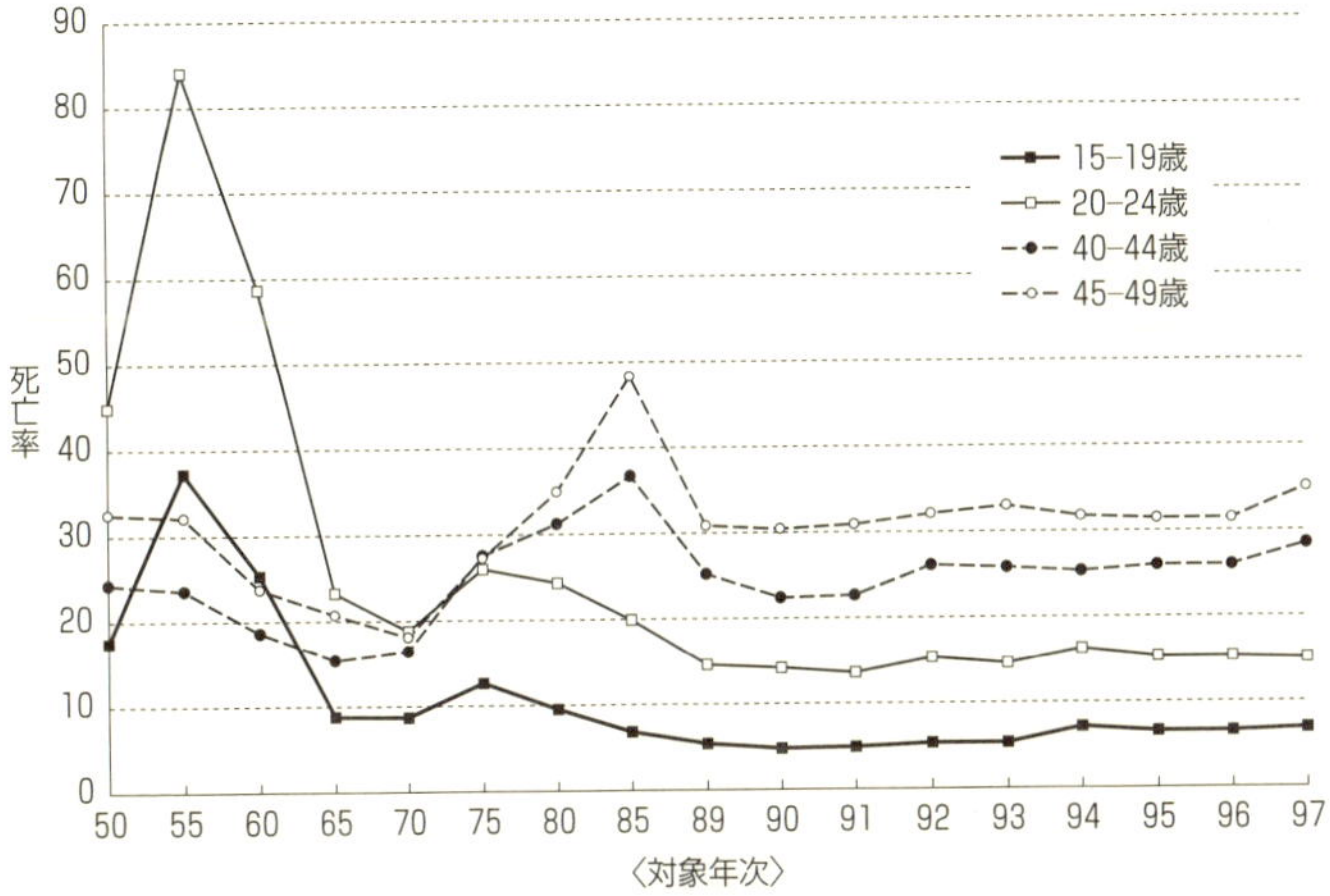

図Ⅵ－１－b　わが国における死亡率の年代比較―男性―
（厚生省大臣官房統計情報部，1999より）

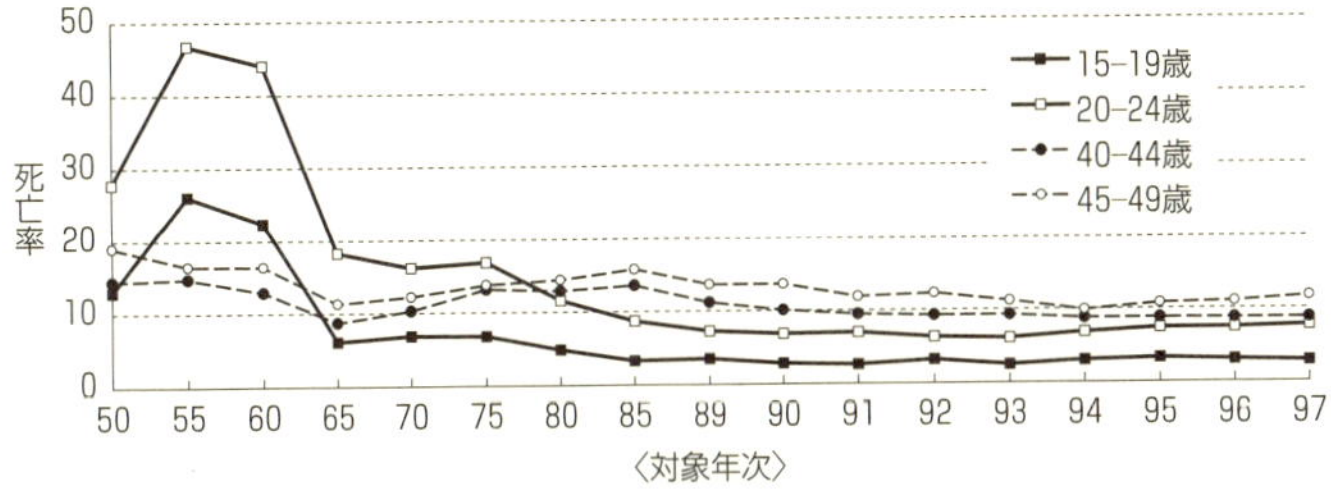

図Ⅵ－１－c　わが国における死亡率の年代比較―女性―
（厚生省大臣官房統計情報部，1999より）

うまくいかない時
死にたい時もある
世界のまん中で生きてゆくためには
生きるという事に　命をかけてみたい
歴史が始まる前
人はケダモノだった〈甲本ヒロト作詞『世界のまん中』〉

死んだ人よりも　オレは大切だ
死んだ人よりも　オレは大切だ
なぜならばオレは生きてるからだ
死んだ人よりも　可能性がある
死んだ人よりも　可能性がある
なぜならばオレは生きてるからだ〈真島昌利作詞『死人』〉

『ブラジル』では、生の無条件の肯定が「その事のみのよろこび」として淡々と語られる。

　ブラジルへ着いたなら　ただ生きている事の

その事のみのよろこびで　静かに暮らそう〈真島昌利作詞『ブラジル』〉

さらに、我々が今生きていることは後戻りできない現実であり、船が出発した以上、港に帰ることを思案しても意味はない。このことは、第Ⅲ章で述べた過去の回帰方略（図Ⅲ-1-b）への嫌悪的態度と一貫している。

降りるはずの　駅はうしろ
泊まるべき　港をはなれてく
Too Late To Die〈甲本ヒロト作詞『Too Late To Die』〉

もちろん、宇宙という観点からの自己存在証明は「私の涙」で十分である。

生きている事の証明に　私の涙をビンにつめ
宇宙のどこかに置きましょう　結んでほどくメッセージ
私はきっと悲しみの　真ん中あたりで泣いている
私はきっと喜びの　真っただ中で笑うんだ〈甲本ヒロト作詞『ナビゲーター』〉

『夕暮れ』では、現実として生き続ける重要性が唱導され、その根拠が「体中を流れてる」「赤い血」であることが宣言される。

幻なんかじゃない　人生は夢じゃない
僕達ははっきりと生きてるんだ
夕焼け空は赤い　炎のように赤い
この星の半分を真っ赤に染めた
それよりももっと赤い血が
体中を流れてるんだぜ〈甲本ヒロト作詞『夕暮れ』〉

自殺を図る手段の一つとしてリストカットつまりナイフなどで手首を切ることがある。ロブ＠大月（二〇〇〇）は、このリストカットという行動が実は自殺を企図したものでなく、「生きているか死んでいるかわからない状態を打ち破る手段」であると主張する。つまり、日常世界で何らかの理由によって生じた心理的苦悩の増幅が即、自殺となるのではなく、このリストカット反復は「生きるために」行われている。リストカットしてまでも「この社会に存在したいという、無言の叫び声」なのだ。

ここに、ロブ＠大月が描く構図と『夕暮れ』の「赤い血」の意味が重なり合う。リストカットすることによって自分の「赤い血」を視覚的に確認し、それは、自分が生きていることの証明となる。これだけで十分なのだ。生き続けるための哲学的理由は不要だ。要するに、先述した「今この瞬間」の大切さから、青年は生き続けることが重要なのである。「生」と「死」の単純な直感的比較からそうなのである。

天国になんか行きたくないって
つまらなそうだから〈真島昌利作詞『天国野郎ナンバーワン』〉

「天国」を「つまらなさそう」とする態度は、第Ⅰ章で述べた「神」への安易な依存に対する嫌悪からすると当然の帰結であるが、実はこれが生き続けることの無条件の肯定を支えることになるのだ。要するに、「シド・ヴィシャス」や「尾崎豊」のように死ぬことの結果として生じるカリスマ化が否定される。

2. 死なないという自己決定

ハイロウズによる生への無条件の肯定は、生死の問題を一見茶化して捉えることにつながる。

産まれ方？　おらしらねえ

死に方は？　おらしらねえ
生き方を選ぶときは
BGM BGM BGM BGM
BGM BGM BGM BGM BGM〈甲本ヒロト作詞『ＢＧＭ』〉

さらに、死の選択権は、他のだれでもなく自分自身にあることが宣言される。

寝たきりのジジイになって
変なくだをぶちこまれて
気力も萎えきっちまったら
無理して生き延びたくはない
俺は俺の死を死にたい
俺は俺の死を死にたい〈真島昌利作詞『俺は俺の死を死にたい』〉

自殺現象に関する臨床的論議の中で、ファーバー（Farber, 1968）は、意図と結果による分類を試みた（表Ⅵ－2－a）。ここで重要なのはなぜ「死にたい」という意図をもつかであろう。笠原（一九八〇）は、青年の自殺を分析し、次の五つの自殺メカニズムを抽出した。①逃げるという心理、②忌むべ

表Ⅵ－2－a　自殺の構図（Farber, 1968より）

		〔結果〕	
		死	生存
〔意図〕	死にたい	真の自殺	真の自殺に近い
	死にたくない	意図しない自殺	真の未遂者―救助を求める叫び―

表Ⅵ－2－b　青少年における自殺の特徴（稲村，1978より）

〔小学生〕
- 死を不可逆的と考えない
- 叱責など些細な動機
- 確実に死ぬことができる方法

〔中学生〕
- 死を実体的に捉える
- ロマンティックな逃避や，理想郷への飛躍
- 確実に死ぬことができる方法

〔高校生〕
- 詩的でロマンティックな死への憧れ
- 自己愛と自己否定，依存と攻撃などの葛藤
- 他者へのアピール的色彩
- 精神障害契機

き自己の抹消、③自己の処罰、④救いの求め、⑤他者への攻撃性の反転。また、自殺学を体型化した稲村（一九七八）は、小学生から高校生までの自殺の特徴を表Ⅵ－2－bのように整理した。

しかしながら、笠原や稲村のまとめは、自殺の一般的理解を促進するが、個々の人が「死にたい」という意図をもって行動に移すかを具体的に予知するにはあまりに一般的である。笠原（一九八〇）によれば、「自殺が起こるのは、臨床家の感じからすると、予測しない時ということである」。要するに、「もうそろそろいいかななどと思っている時」が危な

いのである。自殺発生の予知の具体的困難さを表す笠原の言葉は、次の二点を考えると、当然である。①自殺現象に関する実験的検証は不可能であり、事後的分析＝解釈に限定される、②図Ⅵ―1―a・b・cから分かるように自殺の発生自体が確率的には小さく、稀少事例から状況分析を行うことになる。したがって、当該の臨床的措置が特定個人の自殺の予防に役立つかどうかは、常に蓋然的に判断できるだけである。

さらに、若者の自殺は、メディア社会の進展の中で複雑な様相を見せる。たとえば、メディアとの接触が自殺の引き金となり得る。伝言ダイヤルで知り合った「売春している子だけど、普通そうな子」に「真実の愛」を感じる青年の自殺をめぐり、藤井・宮台（一九九九）は、その青年が自殺に至る心理過程を跡づける。その上で、その青年が尊敬する「宮台真司」が雑誌で「真実の愛、絶対禁止！」宣言に直面し、「自我が分離」したことを推測する。現実世界とメディア世界が心理的に融合した結果が自殺を引き起こしたのである。この心理的融合と自殺現象との関係は、「ネット集団自殺」という特異な現象も生み出した。つまり、インターネットで知り合った自殺志願者たちによる集団自殺が全国で相次ぎ、社会に衝撃を与えたのである。たとえば、二〇〇四年には、群馬県や名古屋市から来た男女ら三人が京都市内のマンション一室で自殺を図った（京都新聞　二〇〇三）。一見したところでは奇異に見える「ネット集団自殺」は、「インターネット社会が生んだ幻想の寂しい心中」と解釈できる。第Ⅳ章で述べた「山アラシのジレンマ」（Bellak, 1970）状況にある日常生活では親密な関係を形成されない者が、インターネット空間に散在する自殺サイトの掲示板で心情を語り合い（＝自己開示）、自殺相手を募集する。出会い系サイトと同じ幻想だが、同じ思いを共有する相手がいるといった親密な感覚が生まれ、一緒に死ぬことを試みるのである。

「ネット集団自殺」という複数死は形式的には心中と同じである。心中とは「同一の場所で同時に二人以上の者がともに自らの意志による同意の上で、同一目的のもとに自殺する場合」（大原　一九七三）を指す。日本人は、最も親密な相手と一緒にあの世にいくという図式である近松門左衛門の恋愛心中に感動する。ところが、「ネット集団自殺」の特異さは心中相手が相互に未知であることにある。しかしながら、自殺系サイトを介したコミュニケーションが親密な絆感を創出し、親しい人と一緒にあの世にいくのは怖くないし、自分はひとりぼっちでもないという感覚をもたらしてくれるわけだ。

ここで、『俺は俺の死を死にたい』で唄われるようなハイロウズによる死の自己選択を、生きることの無条件の肯定と重ね合わせよう。そうすると、生死の問題を茶化しているのではなく、たとえば死を孕む戦争への無条件の嫌悪へと広がる深遠な思想である可能性が見えてくるのである。

3. 柔らかな反抗

(1) 青年の二面性

唐突ではあるが、あのヒットラーに指揮されたナチス・ドイツの時代の青年を思い浮かべてみよう。すべての若者は、ヒットラーの信奉者へと画一化したのだろうか。佐藤（二〇〇二）によれば、実はナチス体制の圧制下ですらそれに組み込まれない若者の反抗集団が存在したのである。そのような集団の一つである「エーデルヴァイス海賊団」は、一四歳から一七歳の見習工や未熟練工を中心にドイツの西部工業地帯で自然発生的に編成されたが、ヒトラー・ユーゲントの指導者を襲い、外国人労働者やユダヤ人、強制収容所囚人を匿うなど、「反体制集団」として機能した。ところが、第二次大戦後は、女の子をはべらせ、盗んだ酒や毛皮その他の高級品を持ち込んで夜の酒盛りを催したり、いわゆる「不良集団」として認知される。前者は、伝統的青年心理学の大きな軸として据えられる「革新的存在としての青年」イメージに合致する。後者は、そのイメージからすると「不健全な」存在となる。

しかしながら、この外見的矛盾は、「国家による統制強化に対する噴出点」（佐藤　二〇〇二）として海賊団を理解することによって統一できる。つまり、彼らは、全体主義イデオロギーや民主主義イデ

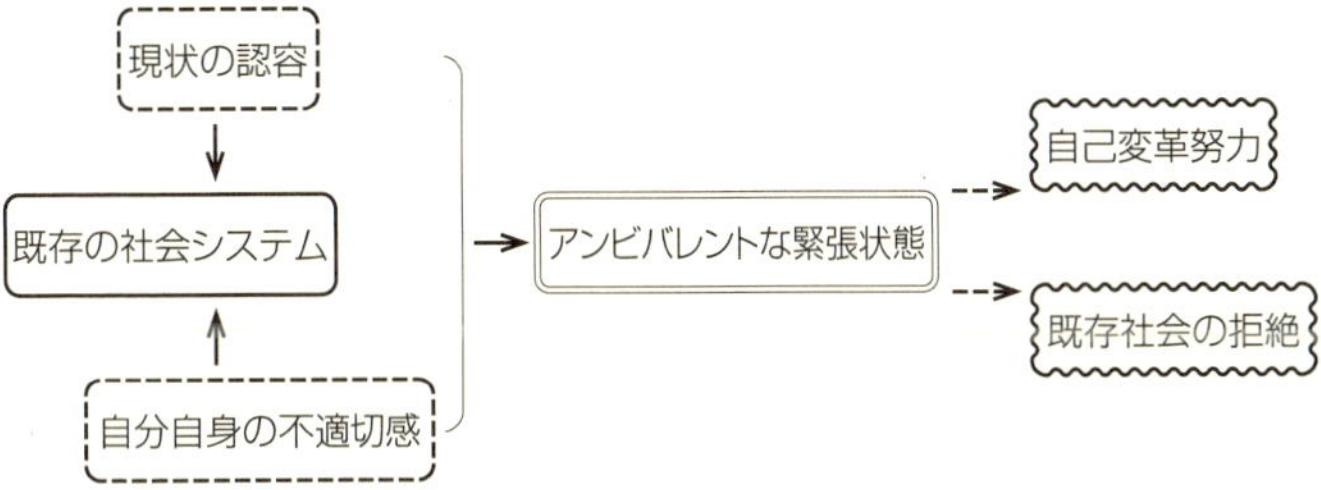

図Ⅵ-3-a　青年の異議申し立ての構図（Kenisiton, 1960より）

オロギーのいずれかに賛同しているのではなく、既存システムからの組み込み圧力に抵抗するのだ。

ケニストン（Keniston, 1960）によれば、青年期の特徴は、既存システムの決定的な拒絶にあるのではなく、自己と社会の間の関係をめぐる「アンビバレントな緊張状態」であると主張した（図Ⅵ-3-a）。この緊張状態の解消方向によって「革新的存在としての青年」にもなれば、「不健全な」存在にもなるのだ。近年わが国では「凶悪化する青少年犯罪」に対する対処として、少年法の改正が図られた。まさに、「革新的存在」のイメージとは逆方向である。しかしながら、土井（二〇〇三）が指摘するように、凶悪犯で検挙された少年の実数は第二次大戦後の時期に比べるとそれほど増加しているわけではない（図Ⅵ-3-b、警察庁編　二〇〇二）。土井は、特定の「犯罪行動」に対する摘発者（警察側）の解釈によって犯罪発生イメージが操作される可能性を指摘する（図Ⅵ-3-c）。つまり、社会=権力によってある種の青年イメージが創造されるのだ。

ブレーム（Brehm, 1966）によれば、自分の態度や行動の自由に対す

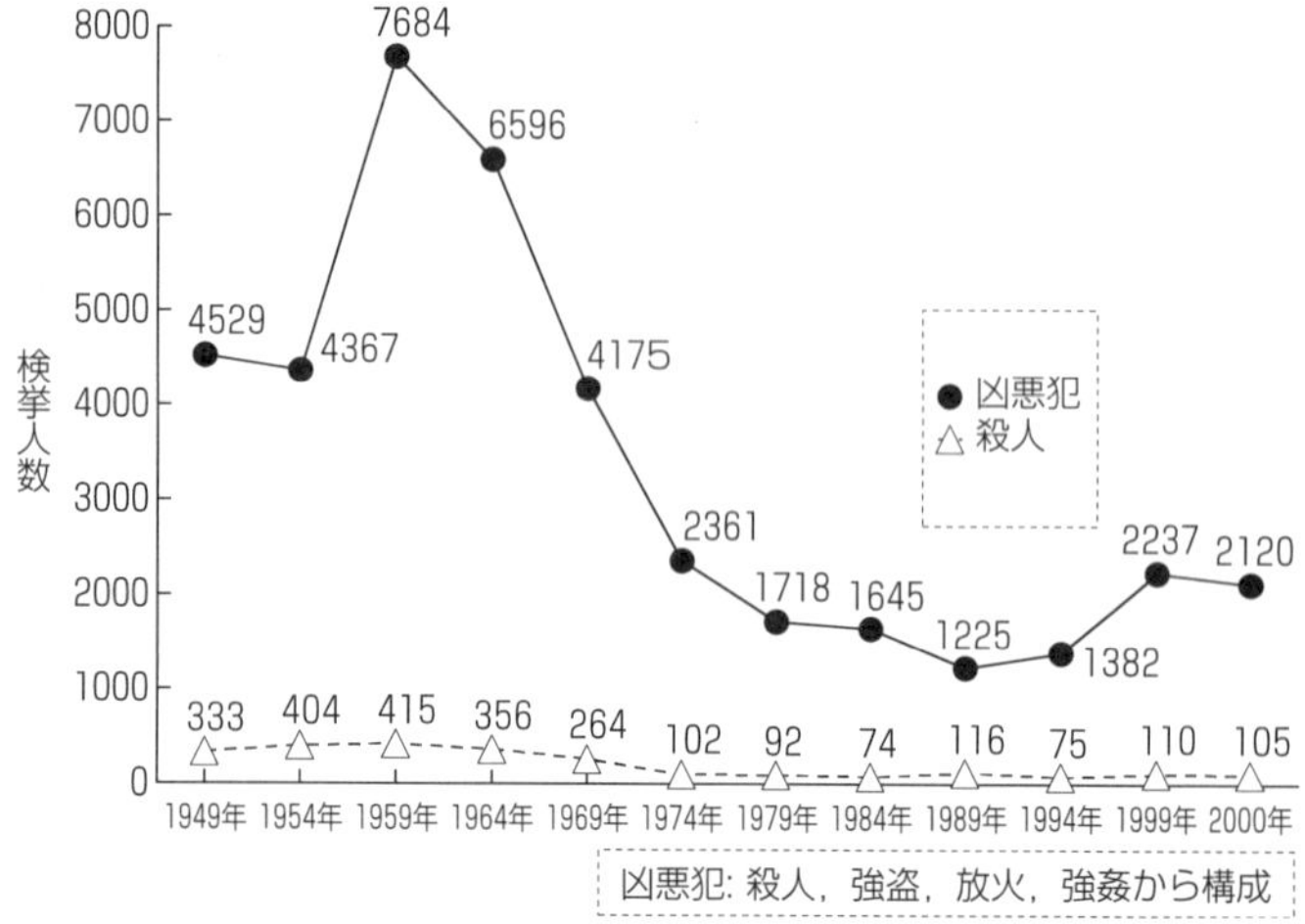

図Ⅵ－3－b　凶悪犯少年の検挙人員の推移（警察庁，2001より）

る脅威を感じると、自由を回復するために説得方向と逆の態度や行動を示すことがある。ブレームはこの現象を「心理的リアクタンス（reactance）」と呼んだ。「エーデルヴァイス海賊団」のように一見矛盾した青年の行動も、この「心理的リアクタンス」の枠組みで理解できよう。つまり、青年は、その時々の社会的圧力や規範に抗した形で自己を形成することがあるのだ。

(2)　戦争は嫌だ

一九八六年四月に旧ソ連のチェルノブイリ原子力発電所で発生した事故により放出された放射能は、北半球のほぼ全域を汚染した。この事故は、有限の石油エネルギーへの依存から「無限エネルギー」としての原子力に託された人類の夢に疑問を投げかけた。ブルーハーツも初期作品で反原発

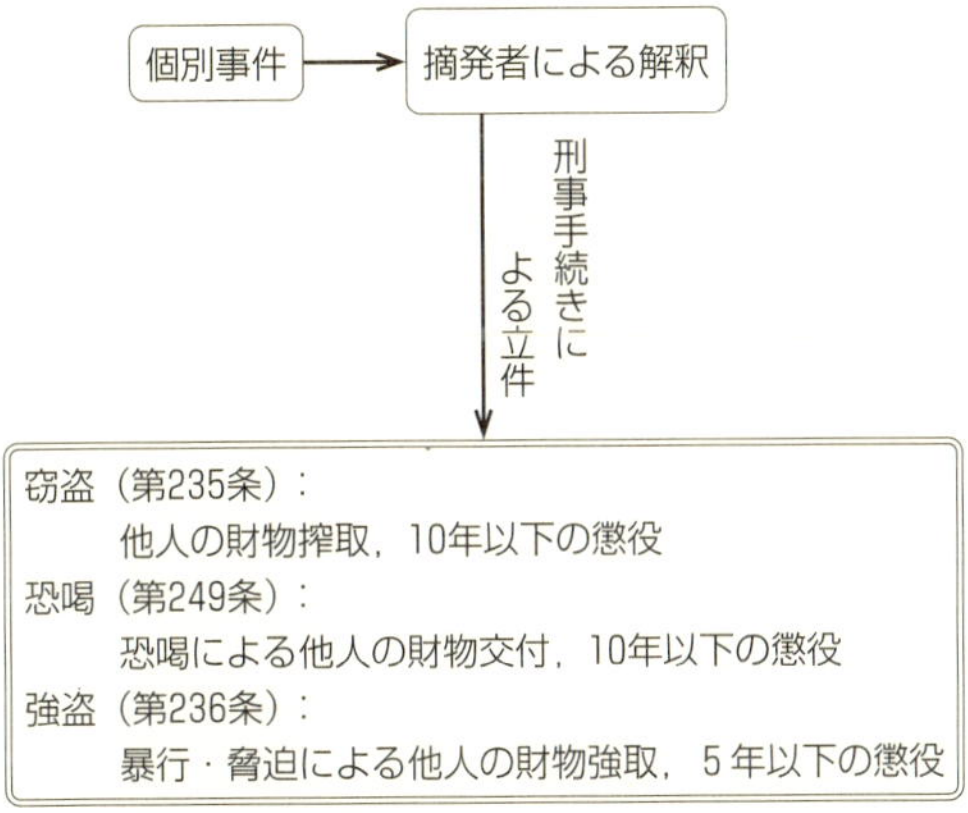

図Ⅵ－３－c　犯罪統計数字に潜む心理学的過程（土井，2003より）

の立場を唄いあげる。

東の街に雨が降る
西の街にも雨が降る
北の海にも雨が降る
南の島にも雨が降る
チェルノブイリには行きたくねぇ
あの娘とKissをしたいだけ
こんなにチッポケな惑星の上

〈真島昌利作詞『チェルノブイリ』〉

彼らは、『チェルノブイリ』にたとえば難解な環境保護理論をもち込むわけではない。要するに、死んでしまうと「あの娘とKiss」ができなくなるから、原子力に対する嫌悪が湧くのだ。この単純な組み立ては、次の戦争に対する態度でも維持される。

国連平和維持活動（ＰＫＯ）とは、国連が主体となって実施する国際的な紛争の平和的解決に寄与することを目的とした活動を指す。一九九二年九月に、カンボジア内戦後の平和維持活動のために、わが国の自衛隊が派遣された。この海外派遣は、『すてごま』や『やるか逃げるか』で、わが国が「戦争」と決して無関係ではあり得ないことが指摘される。

君 ちょっと行ってくれないか
すてごまになってくれないか
いざこざにまきこまれて
泣いてくれないか〈甲本ヒロト作詞『すてごま』〉

戦車に乗れるかもよ
マシンガン撃てるかも
死んだらそれでさようなら
安っぽいヒロイズム　嫌いじゃないもんな
愛するあの娘のため
平和を守るために
死んだらそれでさようなら
不条理に不意打ちを食わされたらどうする？

やるか逃げるか　どうする？
やるか逃げるか　どうする？〈真島昌利作詞『やるか逃げるか』〉

いざこざ処理係は御免だし、「安っぽいヒロイズム」で勇んで行けば「不意打ち」だってあるのだ。要するに、平和維持の「正義」のためには死ぬべきではないのだ。

ハイロウズ移行後も、いわば自己愛的な反戦主義が貫かれる。『ハスキー』では、世界で繰り返される戦争の基底にある人間の「欲望」が糾弾される。『不死身の花』では、旧ソ連崩壊後に世界各地で長期化する武力紛争の中で生き続けなくてはならない子どもが「不死身の花」として描かれる。

まるでデジャヴのように
なつかしい映画のように
スローモーション止まってしまう
凍りついたストップモーション
破壊が目的なら
情け容赦は無用
ふり返るな　欲のタンク
フルスピード　欲のタンク〈甲本ヒロト作詞『ハスキー　欲望という名の戦車』〉

戦場に咲いてしまった
銃声を聞いてしまった
何一つ選べなかった
戦場に咲いてしまった
不死身の花〈甲本ヒロト作詞『不死身の花』〉

ハイロウズによる自己愛的な反戦主義は、もともと生きることの無条件の肯定に基づいている。これを脅かすものが対象化される。権力である。

(3) 権力への嫌悪

『ミサイルマン』では、生きることの無条件の肯定を脅かす存在が「わがままを通す男＝ミサイルマン」として抽象的に描かれる。

ミジンコでもクジラでも
生きてる奴が気にくわねえ
わがままを通す男
ミサイルマンが目を覚ます〈甲本ヒロト作詞『ミサイルマン』〉

さらに、『アメリカ魂』では、生きることにとっての脅威の元凶の疑いが米国に投げかけられる。

有色人種はつぶせ　都合よくルール作れ
自分のミスは認めず　それがアメリカ魂
……
アメリカ人　俺はアメリカ人　俺が世界チャンピオンだぴょん
アメリカ人　俺はアメリカ人　限りなき正義だぴょん〈真島昌利作詞『アメリカ魂』〉

秋葉（一九七二）は、既成の青年心理学が「リアルな青年の姿を浮き彫りにし得ているとは必ずしもいいきれない」という認識に基づき、若者の政治意識や政治参加に関する研究の重要性を指摘した。秋葉の主張は、身体的水準での若者による社会参加＝政治運動への参加を前提としている。ところが、ハイロウズによる権力嫌悪は、あくまでも意識水準での嫌悪であり、身体水準での政治参加の唱導ではない。実は、これは、第Ⅳ章で論じた心のベクトルの自己中心化と対応する。

フーコー（Foucault, 1975）は、権力システムの核心が身体的処罰にあるのではなく、「処罰されるとの確信」が系統的に心の中に形成されることであることを看破した。つまり、ベンサムの「一望監視施設」（中央の塔に監視人を一名配置して、各独房内には狂人なり病者なり受刑者なり生徒なりをひとりずつ閉じ込める。閉じ込められた者に隔離され見つめられているという孤立性が現れる）を例として、権力の支配が、身体的水準を超え、「心・思考・意志・素質」に作用することによって完成することを示した。

自己中心化した青年は、自分の心の中への権力システムの埋め込みに対しては敏感になる。

世界はだれのものでもないし
だれも世界のものではない〈甲本ヒロト作詞『たつまき親分』〉

ここで、「ハイロウズ的青年」は、支配という行為を否定することを確認しよう。

ところで、ヴァーノン（Vernon, 1963）は、「人間をただひとり光も音も知覚できない小さな部屋のなかに閉じこめること」によってどのような行動や反応が生じるかを系統的に検討した。「感覚遮断」研究は、人間にとっての一定水準の外界刺激の必要性を示した。ツッカーマン（Zuckerman, Eysenck, & Eysenck, 1978）によれば、人間それぞれ「刺激作用の最適水準」をもっており、外界刺激水準がその「最適水準」とずれた場合には刺激を求めたり抑えたりする。ツッカーマンは、「最適水準」の個人差つまり刺激希求性が次の四つの側面から構成されることを明らかにした。①スリル・冒険希求性〈身体的危険を伴うスポーツなどの活動への好み〉、②経験希求性〈新奇経験への好み〉、③社会的抑制解除〈他者の目を気にしない自己表現〉、④退屈さ感受性〈変化のなさへの退屈感〉。

実は、この「最適水準」の考えは、若者がロック音楽に向かう理由を説明してくれる。大学生を対象としてこの刺激希求性とロック音楽嗜好を調べた研究（Litle & Zuckerman, 1986）によると、刺激希求性が高い者がロック音楽を好む傾向が認められた。「感覚遮断」的状況と類似している、権力システムからの抑圧感覚は、若者に「最適水準」からのずれを引き起こし、そのために刺激希求性が高揚しやすい。その結果、刺激を求めてロック音楽を嗜好すると考えられる。

〔引用文献〕

秋葉英則　一九七二　青年の政治活動　依田　新他編『現代青年心理学講座6　現代青年の社会参加』金子書房　一〇五―一五五頁

Bellak, L. 1970 *The porcupine dilemma: Reflections on the human condition.* New York: Citadel press. 小此木啓吾訳『山アラシのジレンマ――人間的過疎をどう生きるか――』一九七四　ダイヤモンド社

Brehm, J. W. 1966 *A theory of psychological reactance.* Academic Press.

土井隆義　二〇〇三『〈非行少年〉の消滅――個性神話と少年犯罪――』信山社

Durkheim, É. 1987（1960）*Le suicide: Étude de sociologie.* Presses Universitaires de France. 宮島　喬訳『自殺論――社会学的研究――』（世界の名著四七）一九六八　中央公論社

Farber, M. L. 1968 *Theory of suicide.* Funk & Wagnalls Pubishing Co., Inc. 大原健士郎・勝俣暎史訳『自殺の理論――精神的打撃と自殺行動――』一九七七　岩崎学術出版社

Foucault, M. 1975 *Surveller et Punir: Naissance de la prison.* Gallimard. 田村　俶訳『監獄の誕生――監視と処罰――』一九七七　新潮社

藤井誠二・宮台真司　一九九九『美しき少年の理由なき自殺』メディアファクトリー

稲村　博　一九七八『若年化する自殺』誠信書房

笠原　嘉　一九八〇　青年期の自殺の精神病理　上里一郎編『自殺行動の心理と指導』ナカニシヤ出版　一〇〇―一二四頁

警察庁編　二〇〇一『平成一三年度警察白書――二一世紀を担う少年のために――』財務省印刷局

Keniston, K.　一九六〇　*Youth and dissent* 高田昭彦・高田素子・草津　攻訳『青年の異議申し立て』一九七七　東京創元社

厚生省大臣官房統計情報部　一九九九『平成一〇年　自殺死亡統計――人口動態統計特殊報告――』厚生統計協会

京都新聞　二〇〇三『京でもネット集団自殺』二〇〇三年五月二六日朝刊

Litle, P., & Zuckerman, M. 1986 Sensation seeking and music preference. *Personality and Indivi-ual Differences*, **7**, 575-577.

大原健士郎　一九七三『心中考――愛と死の病理――』太陽出版

ロブ@大月　二〇〇〇『リストカットシンドローム』ワニブックス

佐藤卓己　二〇〇二　エーデルヴァイスの野郎ども稲垣恭子・竹内洋編『不良・ヒーロー・左傾――教育と逸脱の社会学――』人文書院　二四一―二六六頁

Vernon, J. A. 1963 *Inside the black room : Studies of the sensory deprivation.* New York: Clarkson N. Potter, Inc. 大熊輝雄訳『暗室のなかの世界――感覚遮断の研究――』一九六九　みすず書房

〔音源〕

世界のまん中（作詞・作曲／甲本ヒロト）　THE BLUE HEARTS 1987
死人（作詩・作曲／真島昌利）　バームクーヘン　1999
ブラジル（作詩・作曲／真島昌利）　Do!! The★MUSTANG 2004
Too Late To Die（作詩・作曲／甲本ヒロト）　angel beetle 2002
ナビゲーター（作詩・作曲／甲本ヒロト）　BUST WASTE HIP 1990
夕暮れ（作詩・作曲／甲本ヒロト）　DUG OUT 1993
天国野郎ナンバーワン（作詩・作曲／真島昌利）　HOTEL TIKI-POTO 2001
ＢＧＭ（作詩・作曲／甲本ヒロト）　THE HIGH-LOWS 1995
俺は俺の死を死にたい（作詩・作曲／真島昌利）　STICK OUT 1993
チェルノブイリ（作詞・作曲／真島昌利）　1988 12JDM-2002〈CDS〉
すてごま（作詩・作曲／甲本ヒロト）　STICK OUT 1993
やるか逃げるか（作詩・作曲／真島昌利）　STICK OUT 1993
ハスキー　欲望という名の戦車（作詩・作曲／甲本ヒロト）　バームクーヘン 1999
不死身の花（作詩・作曲／甲本ヒロト）　Relaxin' WITH THE HIGH-LOWS 2000
ミサイルマン（作詩・作曲／甲本ヒロト）　THE HIGH-LOWS 1995

アメリカ魂（作詩・作曲／真島昌利）　angel beetle 2002
たつまき親分（作詩・作曲／甲本ヒロト）　Do!! The★MUSTANG 2004

第Ⅶ章

再び、荒野へ

I'm looking for a new direction
　　僕は新たな方向を捜している
where in the world am I?
　　ここはいったいどこなんだろう
I took the word the world was resurrection
　　僕は復活という言葉に賭けた
and then you took me out to climb
　　すると　あんたは僕を連れて登りはじめた［内田久美子訳］

〈"NEW DIRECTIONS" written by Ian McCulloch
（Echo & The Bunnymen）〉

1．どこに向かうのか

ここまで見たように、現代青年のさまざまな揺らぎは、伝統的青年心理学が構築した「伝統的青年像」とは不一致である。とりわけ、「子どもから大人への過渡期」として位置づけられた青年期の意味づけは、曖昧になった。

このまま　どこか遠く　連れてってくれないか
君は　君こそは　日曜日よりの使者
たとえば　世界中が　どしゃ降りの雨だろうと
ゲラゲラ　笑える　日曜日よりの使者〈甲本ヒロト作詞『日曜日よりの使者』〉

しかし、青年は、現状に無気力に浸りきっているわけではない。いつでも「日曜日よりの使者」とともに「どこか遠く」に飛び立ちたいのだ。単純な英雄願望ではなく、「ゲラゲラ　笑える」という形でという「楽観主義」は保持する。

「伝統的青年像」を打ち壊す決定的な現象は、フリーター現象であろう。玄田（二〇〇一）は、バブ

表Ⅶ－１－a　定年延長が若年採用におよぼす影響（玄田，2001より）

		60歳定年制採用	61歳以上定年制採用
新卒採用動向	高卒採用内定「例年なし」	28.7	45.4
	大卒採用内定「例年なし」	29.7	48.1
今後の採用方針	高卒採用内定「例年なし」	34.0	40.4
	大卒採用内定「例年なし」	37.0	36.2

該当率（%）

ル崩壊後にわが国を襲った不況による就労構造の変化が若者の就労に（就労意識ではない）影響したことを指摘した。若者が潜在的に就くことができる仕事は、「労働条件がいちじるしくきびしい仕事」と、「熟練技能を要求しないようなラクな仕事」へと二極化し、若者が自発的に選択できる幅と種類が実は狭められてきた。さらに、不況に伴う労働需要の減少は、中・高年層の雇用維持政策のために、若年層への雇用減少となる。つまり、バブル崩壊後に見られる若者のフリーター志向は雇用環境変化の結果であって、若者の贅沢なライフ・スタイルではないのだ。さらに、玄田は、高齢化社会の到来に伴う定年制の延長・廃止などによる高齢者の雇用促進政策も実は若年雇用に連動することを指摘する。**表Ⅶ－１－a**から分かるように、定年制の延長・廃止は、若者の雇用の抑制につながるのだ。皮肉な言い方をすれば、伝統的青年心理学は、社会での就労＝正規雇用を目指す青年を都合よく標準化した上で、経済的不況によって就労＝正規雇用を「諦めた」青年を非難する。これは、苅谷（二〇〇一）が「降りた者たち」の心理的メカニズムを危惧することと同一線上にあるといえよう。

それでも、「ハイロウズ的青年」は、弱気になることはない。「孤独を抱きながら」、「心の声だけ」を頼りに、人生という荒野に駆け出すのだ。

孤独を抱いていくんだ　群れから離れて
一人きり　強い風に　吹かれていくぜ
……
どこで死ぬか果てるのか　わかるはずもない
ただ心の声だけが　道しるべだぜ
荒野　荒野　荒野はるかに
荒野　荒野　荒野はるか〈真島昌利作詞『荒野はるかに』〉

この心境は、わが国の六〇年代フォークの傑作『青年は荒野をめざす』で唄われたものとは異なる。ここでの青年は、孤独を抱き荒野に向かうものの、その不安や苦しみはまわりと共有されているという感情を併存している。しかしながら、「ハイロウズ的青年」は、あくまでも「自己愛」的な流儀で旅立つのだ。

ひとりで行くんだ幸せに背を向けて
さらば恋人よなつかしい歌よ友よ

……
みんなで行くんだ苦しみを分けあって
さらば春の日よちっぽけな夢よ明日よ〈五木寛之作詞『青年は荒野をめざす』〉

図Ⅶ−1−a・bには、現在住んでいる町や村にずっといたいかという若者の定住希望が示してある（内閣府政策統括官編　二〇〇四）。米国の若者は、故郷の定住希望と離脱者に分極化している。わが国の若者では定住希望者の増加傾向がここ最近顕著になった。これは、第Ⅳ章で述べた家族生活に対する満足の増加と対応している。しかし、「ハイロウズ的青年」は、「自己的」的な旅立ちを推奨するのだ。『夜の背』でも、「どこか知らない街」への漂流が推奨される。

ああ　夜の
背に飛び乗って
東よりも東　どこか知らない街〈甲本ヒロト作詞『夜の背』〉

ところで、老松（一九九七）は、わが国の昔話の一つである『つる女房』の精神分析学的解釈に基づき、「中心−定住的な自我」と「漂白する自我」を仮定した。「中心−定住的な自我」とは、意識場の中で中心にあり続けようとする自我であり、いわば意識の場の「定点観測」点として機能する。つまり、

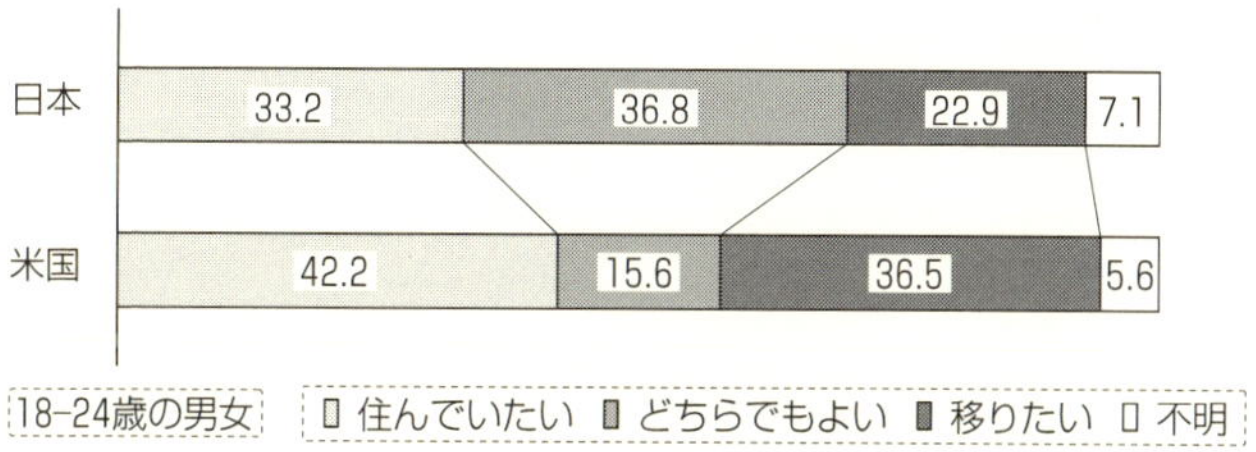

図Ⅶ-1-a　今の町や村に将来も住みたいか
（内閣府政策統括官編，2004より）

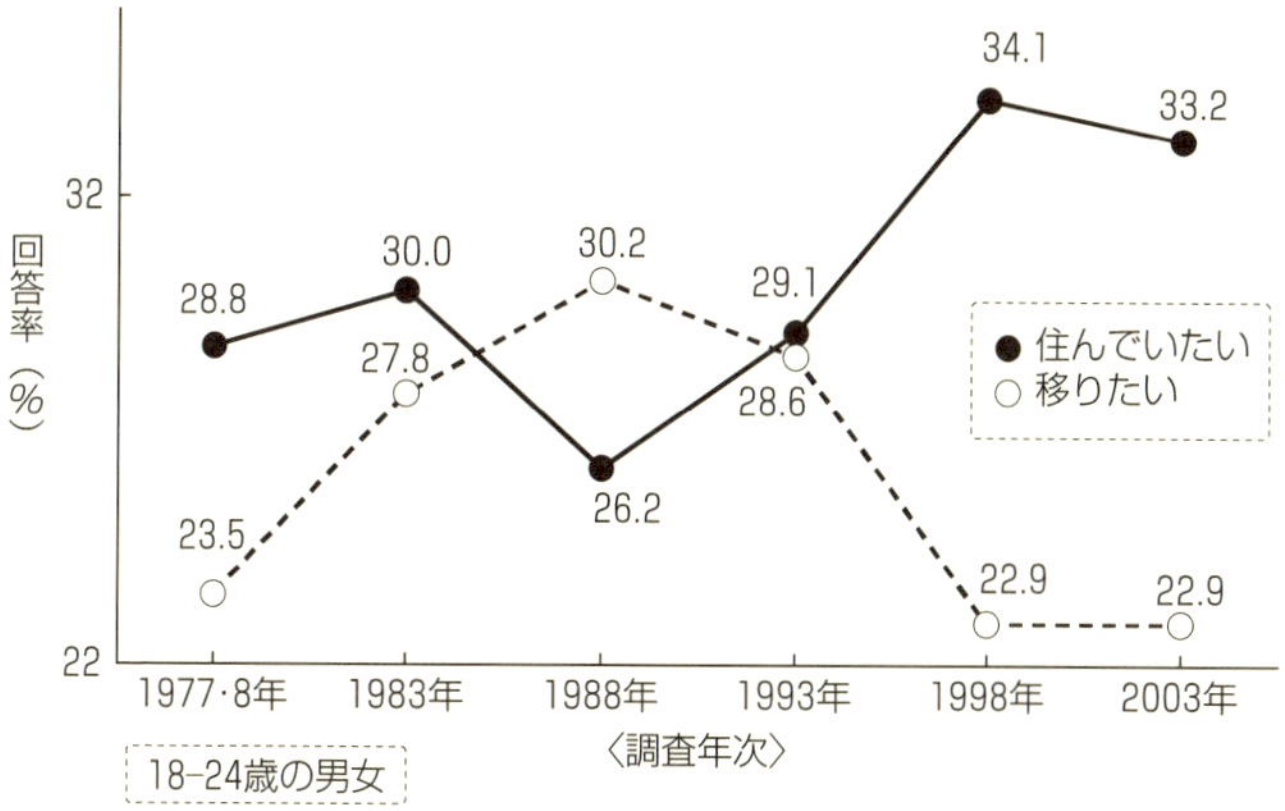

図Ⅶ-1-b　今の町や村に将来も住みたいか
（内閣府政策統括官編，2004より）

この自我は、「客観的な認識にもとづくかなりの恒常性と絶対性をもった世界」から構成されている。「漂白する自我」は、意識の場や周辺を「一所不在」的に移動し続けるため、一定の内容をもたない。あくまでも、「諸内容との関係の相対性」があるだけで、絶対的なものはない。老松は、「中心-定住的な自我」に『つる女房』の男、「漂白する自我」につるを象徴化したのだ。ハイロウズが描く青年の心性は、「漂白する自我」と位置づけることができよう。

玄田・曲沼（二〇〇四）は、若年の問題はフリーター現象よりも深刻化していることを指摘した。「働こうとしないし、学校にも通っていない。仕事に就くために専門的な訓練も受けていない」（Not in Education, Employment, or Training: NEET）若者が急増しているのだ。玄田・曲沼の試算によると、そのような若者（二五歳未満）は二〇〇三年で四〇万人いると推定される。ところが、同様な試算で、一九九七年で八万人、二〇〇〇年で一七万人にすぎない。さらに、このニート（NEET）では、就労意欲のある失業者に比べ、中卒者や高校中退者の占める割合が大きい。あえていえば、パンク・ロックが開花した七〇年代後半の英国の状況が出現しているのかもしれない。ただし、玄田・曲沼が提案する対「ニート」政策は、中学生における就労体験による「働く意味」の覚醒である。玄田（二〇〇〇）は、フリーター問題の鍵が若者の意欲減退にあるのではなく、就労構造の変化にあることを指摘した。しかし、このニート問題に対する提案は、職業意識の未形成に問題を心理的に還元したものといえ、就労構造の変化の視点を消失させてしまった。

第二次大戦後のわが国の雇用はきわめて安定していた。大久保（二〇〇二）は次の三つの理由を挙げた。①終身雇用・年功序列賃金、②大企業と中小零細企業という二重構造、③経済的成長。バブル崩壊によって、この三つの働きに不全が生じたのである。大久保が言う「大学進学から就職へ」、「新卒就職から終身雇用で定年へ」という一律の価値観の破綻は、実は青年期の定型化を崩壊させた。このような時代状況の中で、自己中心性と楽観主義を骨格とする「ハイロウズ的青年像」は、実は青年に「自己存在の意味」を与えるのだ。

先述したように、高校までの皆学化と短大や大学に半数近くが進学するという、わが国の状況は、近代社会にとって都合のよい高度な知識や能力をもった人間の産出システムを外形的に完成させながら、逆説的に種々の歪みをもたらす結果となった。『ごくせん』（森本　二〇〇〇）は、「吹きだまり」と化した私立高校に任侠集団の四代目である「山口」が教師として赴任するという奇抜な筋立ての漫画である。しかし、「山口」は、生徒と心理的に同じ平面で相互作用を営むことによって「吹きだまり」の「つっぱり」達が直面する問題の解決を図っていく。これは『GTO』（藤沢　一九九七）の元・暴走族の「鬼塚」と類似した設定であるが、『ごくせん』では、「母親〈＝教師〉―子ども〈＝生徒〉」といういわば「母性的」心情がその基盤となっている点が異なる。これらと対照的に、『ドラゴン桜』（三田　二〇〇三）では、破産宣告した高校に管財人として乗り込んだ元・暴走族の弁護士「桜木」が「五年後東大合格者を百人出します！」と宣言する。「桜木」は、「未知の無限の可能性なんてなん

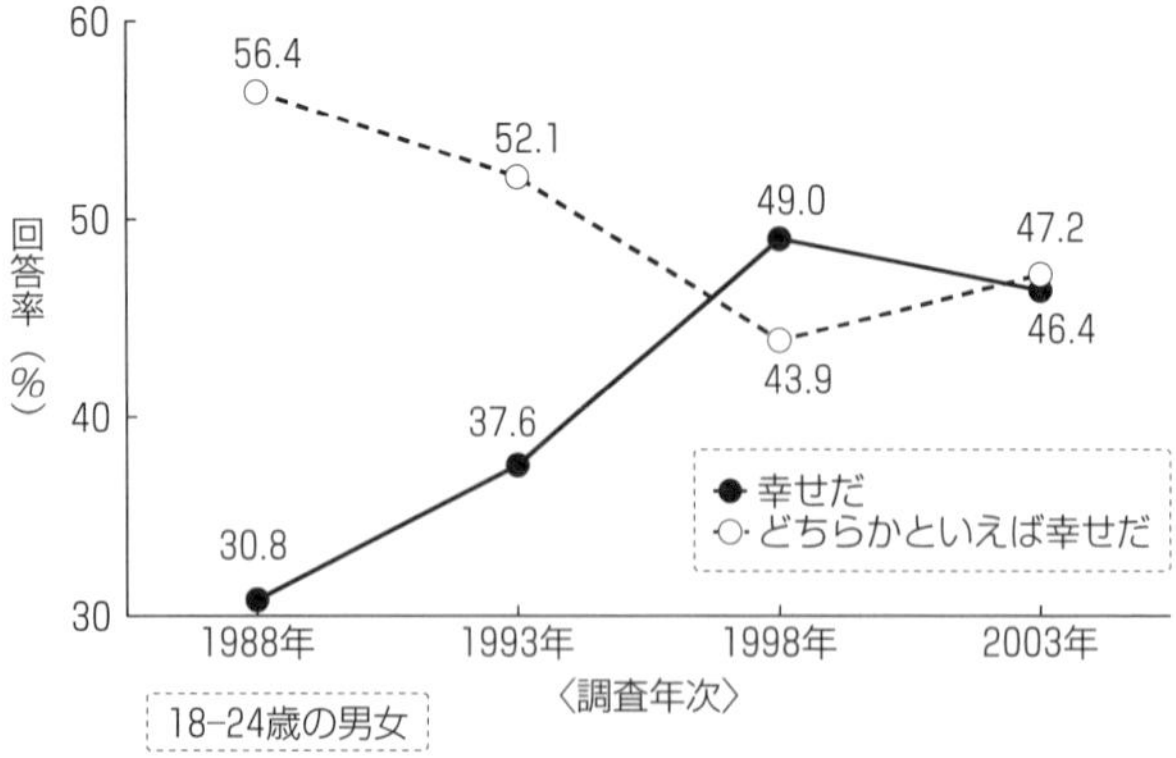

図Ⅶ－1－c　幸福感情の推移（内閣府政策統括官編，2004より）

の根拠もない無責任な妄想」とし、「なんの夢も描けねぇまっ暗闇」から脱出するために「東大」を受験することへと「小学校低学年の問題だって危なっかしい」女子生徒を導くのだ。『ドラゴン桜』は、突飛な筋立てのようで、実は、現代青年の問題を近代社会がもたらした教育システムの伝統回帰によって解決しようとする試みとして解釈できる。

この若者に対する二つの方略のうち、『ドラゴン桜』的志向は、「ハイロウズ的青年像」とは明らかに合致しない。「東大出ててもバカはバカ」〈真島昌利作詞『東大出ててもバカはバカ』〉の反復は、少なくとも「伝統的青年像」への決別の自己確認なのだ。

図Ⅶ－1－cには、バブル期の終わりから現在に至る若者の幸福感の推移が示してある。高度成長の終わりは、「どちらかといえば幸せだ」という消極的幸福感を衰退させ、「幸せだ」という積極的感情を増大させた。これは、フリーターの増大など若年雇用の不安定要素から不幸感情を読みとることが間違っていることを表している。つまり、若者は、第Ⅲ章で見た経済的成長が与える「夢」の崩壊を、楽観主義的志向を支えとして幸福感に転変させているといえる。「伝統的青年像」からの逸脱を非難し、「伝統的青年像」への回帰を唱える施策は、この幸福感の中ではもはやうまく作動しないのは、当然であろう。

2. おわりに

第Ⅰ章で述べたように、二〇年間近く第一線で活躍しているパンク・バンドが吐き出す歌詞を通じて、わが国の青年の心性を解き明かしてきた。その結果、伝統的青年心理学が構成する「青年像」とのずれが明らかになった。第Ⅱ章で触れたように、わが国では明治期に雑誌メディアを通して「青年像」が流布されることによって青年が誕生する（木村　一九九八）。つまり理想的な「青年像」が言説化され、あたかも普遍的であるかのような実体として認知される。「言説」とは、「何らかの仕方でまとまって、出来事の特定のヴァージョンを生み出す一群の意味、メタファー、表象、イメージ、ストーリー、陳述」を意味し、「世界を解釈しそれに意味を与える仕方」を人々に提供する（Burr, 1995）。したがって、伝統的青年心理学が構成する「青年像」は、当然のことながらその時々の時代条件に制約されるのであり、その「青年像」からのずれ自体をどのように捉えるかは、認識者が依拠する「青年とはどうあるべきか」に関する準拠枠によっている。

このような観点に立つならば、青年心理学の課題が「青年の創造性や自発性を抑圧せずに、しかも逸脱行動を統制し、彼らの健全育成をはかろうとする調和的政策」（新田　一九七二）の提起にあるとはもはや主張すべきではない。理想像の想定がなければ、逸脱の統制や健全育成は不可能だからだ。青年心理学の課題は、青年の道徳学的規範の定立にあるのではなく、近代社会が創出した「青年存在」の変容を明らかにすることである。つまり、その時点での時代条件がつくり出した「青年のかたち」を見抜くことなのだ。

グニャグニャしているそいつはよ
そんなに悪くはないんじゃない？〈真島昌利作詞『ゴーン』〉

形もなけりゃ　決まりもなけりゃ
面倒だけど　その分楽しい〈真島昌利作詞『砂鉄』〉

青年は、時代が要請する「かたち」に対抗して、自らの「かたち」を時代条件の中で創出していくのだ。

〔引用文献〕

Burr, V. 1995 *An introduction to social constructionism.* Routledge. 田中一彦訳『社会的構築主義への招待——言説分析とは何か——』一九九七　川島書店
藤沢とおる　一九九七『GTO　1』講談社
玄田有史　二〇〇一『仕事のなかの曖昧な不安——揺れる若者の現在——』中央公論新社
玄田有史・曲沼美恵　二〇〇四『ニート——フリーターでもなく失業者でもなく——』幻冬舎
苅谷剛彦　二〇〇一『階層化日本と教育危機——不平等再生産から意欲格差社会へ——』有信堂
木村直恵　一九九八『〈青年〉の誕生——明治日本における政治的実践の転換——』新曜社
三田紀房　二〇〇三『ドラゴン桜　1』講談社
森本梢子　二〇〇〇『ごくせん　1』集英社
内閣府政策統括官（共生社会政策担当）編　二〇〇四『世界の青年との比較からみた日本の青年——第七回世界青年意識調査報告書——』国立印刷局
新田健一　一九七二　社会参加の挫折　依田新他編『現代青年心理学講座6　現代青年の社会参加』金子書房　一〇五—一五五頁
老松克博　一九九七『漂白する自我——日本的意識のフィールドワーク——』新曜社
大久保幸夫　二〇〇二『新卒無業——なぜ、彼らは就職しないのか——』東洋経済

〔音源〕

日曜日よりの使者（作詩・作曲／甲本ヒロト） THE HIGH-LOWS 1995

荒野はるかに（作詩・作曲／真島昌利） Do!! The★MUSTANG 2004

夜の背（作詩・作曲／甲本ヒロト） Do!! The★MUSTANG 2004

東大出ててもバカはバカ（作詩・作曲／真島昌利） 2005 UPCH-5293〈CDS〉

ゴーン（作詩・作曲／真島昌利） Do!! The★MUSTANG 2004

砂鉄（作詩・作曲／真島昌利） Do!! The★MUSTANG 2004

＊＊＊＊＊

Echo & The Bunnymen *ECHO & THE BUNNYMEN* 32XD-805

ザ・フォーク・クルセダーズ　フォークル大百科事典　TOCT-10129

全章の使用楽曲許諾番号
JASRAC 出 0511058-501

あとがき

本書のきっかけは、二〇〇三年七月の椎名亮輔先生（本学学芸学部音楽学科助教授）からの依頼に始まる。それは、その秋学期に音楽学科で開講予定の「音楽心理学」を担当教員の急病のために代理担当してもらえないかということであった。この依頼に対して、私は、①音楽の才は皆無であるので、音楽技術・知識を基盤とした講義展開は不可能である、②パンク・ロックで吐き出される歌詞分析を通した現代青年の心性の理解を試みことはできる、というかなり「自己中心的」な提案を示した。当然断られることを見越した「体裁づくり」であった。しかしながら、音楽文化論の大家である椎名先生に今から考えればとんでもない提案をしたにもかかわらず、彼は何と「快諾」したのだ。結局、その夏休みは、「音楽心理学」の準備に追われることになった。

もちろん、「勝算」がまったくなかったわけではなく、それまで感性的に構成していたものはあった。ブルーハーツからハイロウズへの転変を青年心理学という「まな板」で料理すれば何となるだろうという思惑である。結果は、最初は「これ何！」という眼をしていた音楽学科生から、「まぁこういう授業があっても！」という一応寛大な評価を得ることができた。調子にのって、これをさらに

「精緻化」し、現代社会学部で私が通常行っている講義のほうに「移植」した。

わが国における七〇年代頃からの青年を対象とした音楽素材の蓄積は、音楽批評ジャンルを充実させるが（たとえば、見崎鉄『Jポップの日本語――歌詞論――』二〇〇二年　彩流社）、学問的分析としては未熟なままといえる。しかし、ジェンダーの観点からの分析（舌津智之『どうにもとまらない歌謡曲――七〇年代のジェンダー――』二〇〇二年　晶文社）や文化意識論的観点（村瀬学『なぜ「丘」をうたう歌謡曲がたくさんつくられてきたのか――戦後歌謡と社会――』二〇〇二年　春秋社）からの優れた系統的な歌詞分析が出現してきた。ただ、わが国の同一のアーチストの展開を何らかの学問的枠組みと重ね合わせたものは見あたらない。この状況が、私に本書の出版を動機づけることになった。ある意味で無謀な企画を晃洋書房編集部の井上芳郎さんにお話ししたところ、快く出版を引き受けて頂いた。井上さんの「冒険心」がなければ本書はなかったはずである。

さらに付け加えれば、次のことも出版動機づけのひとつであろう。本学広報課・吉岡康博課長の「命」により、二〇〇四年度の一年間にわたってＫｉｓｓ－ＦＭ神戸の「HO'VID PARK」という番組で月一回の歌詞分析に従事することになった。番組の担当者が決めたヒット曲を心理学的に解説するわけだ。告白すれば、大半の曲は個人的嗜好とは一致しなかった。しかし、広報課・岡田あきさんが毎月差し出すＣＤを何とか心理学的に解剖する行為は、ブルーハーツやハイロウズが吐き出す歌詞の独自性を再確認させてくれた。

また、本学の二〇〇四年度研究奨励金（「パンクロック」音楽嗜好の基底にある現代青年の心性に関する社会心理学的研究）を頂き、本書の主題に関連する資料収集を十分に行うことができた。このような「奇抜な」研究を許容する同志社女子大学の自由闊達な気風も本書の誕生に大いに貢献している。

最後に、ある時には輝く瞳で、また別の時には「そりゃ違うよ」という表情で、私の解説を洗練してくれた大勢の学生さんに感謝したい。そして、本書を手にしてくれるかもしれない「ハイロウズ・キッズ」にとって、本書が少しでも「自己確信」の礎となれば、幸いである。

はるか彼方に「大阪野外音楽堂」が　　諸井克英

《著者紹介》
諸 井 克 英（もろい　かつひで）
同志社女子大学生活科学部・人間生活学科・教授
名古屋大学大学院文学研究科博士課程単位取得退学
博士〈心理学〉

主な著書
『孤独感に関する社会心理学的研究――原因帰属および対処方略との関係を中心として――』 風間書房　1995年
『親しさが伝わるコミュニケーション――出会い・深まり・別れ――』 金子書房（共著）1999年
『彷徨するワーキング・ウーマン』 北樹出版（共著）2001年
『夫婦関係学への誘い――揺れ動く夫婦関係――』 ナカニシヤ出版　2003年
ほか

ハイロウズの掟《おきて》
――青年のかたち――

2005年10月30日　初版第1刷発行
2016年4月15日　初版第4刷発行

＊定価はカバーに表示してあります

著者の了解により検印省略

著　者　諸　井　克　英©
発行者　川　東　義　武
印刷者　江　戸　孝　典

発行所　株式会社　晃　洋　書　房
〒615-0026　京都市右京区西院北矢掛町7番地
電話　075(312)0788番(代)
振替口座　01040-6-32280

ISBN978-4-7710-1682-8

印刷　㈱エーシーティー
製本　㈱藤沢製本